Carl L Leimbach

Patristische Studien

Carl L Leimbach

Patristische Studien

ISBN/EAN: 9783743341142

Hergestellt in Europa, USA, Kanada, Australien, Japan

Cover: Foto ©ninafisch / pixelio.de

Manufactured and distributed by brebook publishing software (www.brebook.com)

Carl L Leimbach

Patristische Studien

Patristische Studien.

I.

Caelius Sedulius und sein Carmen paschale.

Von

Lic. Dr. Carl L. Leimbach,
Director.

[Wissenschaftliche Beilage zu dem Jaresbericht der Realschule I. O. zu Goslar 1879.]

Goslar, 1879.

Druck von Ed. Brückner.

Caelius Sedulius und sein Carmen paschale.

Einleitung.

Unter den christlichen Dichtern lateinischer Zunge nimmt Sedulius nicht die letzte Stelle ein. Im Altertum citirte man ihn gern, und einzelne Verse scheinen sprichwörtlich gewordene Sentenzen gewesen zu sein;[1]) man erläuterte an vielen Versen des Sedulius die Gesetze der Grammatik und Metrik und verwertete sie auch wol als Belegstellen für lexicalische Zwecke.[2]) Im Lobe des Dichters stimmen alle Schriftsteller der späteren Jarhunderte zusammen,[3]) einzelne reichen ihm unter allen christlichen Dichtern des Altertums die Palme.

Das Mittelalter hat in der Menge von vorhandenen Manuscripten den Beweis erbracht, dass Sedulius einer grossen Bekanntschaft und Beliebtheit sich erfreute.

Auch sind die Werke des Dichters bereits in einer

---

[1]) Cf. Cassiodor de inst. div. litt. c. 27; expos. in Psalterium, ps. 36. 113. Isid. Hisp. Orig. lib. XX, c. 4. Alcuinus, ep. 31. etc.

[2]) Cf. Aldhelmus, de virginitate s. n. vatis (Migne t. 89. p. 237); Beda Venerabilis, de arte metrica, de orth., [in libros regum 28, opusc. mor., hist. eccl. V, 18, in Luc. evang. c. XXIII] etc.

[3]) Cf. Venantius Fortunatus, misc. VIII. c. 1. vita Martini I, c. 16. — Ildephonsus (sermo V de assumptione b. M.); Alcuinus de pontif. et sanctis eccles. Eboracensis carm. v. 1550 sequ. etc.

ansehnlichen Reihe von Ausgaben, zum Teil in grösseren Sammelwerken, zum Teil in Einzelausgaben, veröffentlicht worden.

Und doch fehlte eine genauere Würdigung des Dichters bisher gänzlich. Man war auf die Prolegomena der Herausgeber und besonders auf die sehr schätzbare Ausgabe von Arevalo (Rom 1794 4º) angewiesen, welche Migne (Bd. XIX) neu abgedruckt hat.

In unserem Jarhundert hat zuerst Ebert in eingehenderer Weise des Dichters Werke besprochen;[1]) und ganz kürzlich ist eine sehr reichhaltige Monographie von Dr. Joh. Huemer erschienen. (De Sedulii Poetae vita et scriptis commentatio. Scripsit Dr. Johannes Huemer. Vindobonae. 1878.)

Diese Schrift enthält ausser der Einleitung folgende 5 Abschnitte: De vita Sedulii; De scriptis Sedulii; De Sedulio veterum et recentiorum testimonia; Virgilii imitatio Seduliana; De metrica arte Sedulii.

Meine Aufgabe soll nun nicht sein, den Spuren dieses ebengenannten Gelehrten nachzugehen und seine Resultate im Einzelnen abzuwägen, sondern zu dieser Schrift eine Ergänzung in der Weise darzubieten, dass ich zunächst mit dem Hauptwerke des Sedulius, dem Carmen paschale, näher bekannt mache, daran eine Charakteristik der übrigen Schriften des Autors anschliesse, um sodann zu den Quellen jener Dichtung und dem dogmatischen Standpunkte des Dichters fortzuschreiten. Die Frage über das Leben und die Lebenszeit des Sedulius soll am Schlusse meiner Untersuchung kurz behandelt werden.

---

[1]) Geschichte der christl. lateinischen Litteratur. Leipzig, 1874. p. 358—365. Sonst vergl. man bezgl. der Litt.: Bibliographical clue to latin literature edited after Dr. E. Hübner with large additions by John E. B. Mayor M. A. Professor of latin in the university of Cambridge and Fellow of St. John's College. London and Cambridge, Macmillan and Co. 1875. p. 111. Bähr, die christlichen Dichter und Geschichtsschreiber Roms. 2. Aufl. 1872. Carlsruhe. p. 103; Teuffel, Röm. Lit.-Gesch. 3. Aufl. p. 1116.

Inhaltsangabe des Carmen paschale von Sedulius.

Diesem Werke geht eine in Prosa geschriebene Widmung voraus, gerichtet an einen uns sonst nicht bekannten Presbyter Macedonius. In derselben erhalten wir wenigstens einigen Aufschluss über die Gründe, welche den Dichter zur Abfassung seines Buches bewogen haben. Ursprünglich hat er sich mit weltlichen Studien beschäftigt, bis Gottes Erbarmen ihn von seinen fruchtlosen Arbeiten abrief, und er, dem göttlichen Rufe gehorsam, sein ganzes Leben dem Herrn zu opfern gelobte; er wollte die Last Christi, die allzu leichte, Christo nachtragen. Da er sich nun einer dichterischen Gabe bewusst geworden ist, so hält er sich für verpflichtet, diese auch im Dienste der neuerkannten Wahrheit nutzbar zu machen; er will das verliehene Pfund nicht vergraben, zumal er hoffen kann, dass er durch sein Werk auch andere zur Wahrheit heranziehen, zur reichbesetzten Gnadentafel anlocken könne. Er wält auch die metrische Form, von dem Gedanken geleitet, dass viele Leser durch eben diese Form sich leichter anziehen und fesseln lassen würden. Es liege für viele Naturen in der Poesie etwas Einschmeichelndes, Lockendes, auch präge sich die Poesie viel leichter als Prosa dem Gedächtnisse ein; das Alles dürfe man wol beachten und benutzen. Es sei schliesslich einerlei, auf welche Weise jemand zum Glauben gefürt werde, wenn er nur so gewonnen werde, dass ein Rückfall nicht zu befürchten stehe.

Ueber den Inhalt spricht sich der Dichter, ebenfalls in

jenem Widmungsschreiben, dahin aus, dass von ihm in **vier Büchlein** der **göttlichen Wunder**, welche er aus den Erzälungen der vier Evangelisten geschöpft und in gedrängter Darstellung berichtet habe, alles kurz bis zum Leiden und zur Auferstehung und Himmelfart unsers Herrn Jesu Christi zusammengestellt sei. Dem Werke habe er aber den Titel: **Ostergedicht** beigelegt, weil Christus als unser Osterlamm geopfert worden sei. Er schliesst: „Ihm sei Ehre und Ruhm mit dem Vater und dem heil. Geiste in alle Ewigkeiten. Amen."

Es folgt darauf der Prolog, ein kurzes **poetisches Vorwort**, aus acht Distichen bestehend, in welchem der Dichter jeden, der nach dem Osterlamme Verlangen trage, zu seinem Tische einladet; nur möge er allzu hohe Erwartungen auf hier gebotene Genüsse faren lassen und mehr auf den Inhalt, als auf die Form sehen.

Das eigentliche Werk zerfällt nach üblicher Teilung in **fünf Bücher**; das erste Buch umfasst 352, das zweite 300, das dritte 338 oder 339, das vierte 308, das fünfte 438 Hexameter. Gleichwohl hatte der Verfasser selbst in der Dedication nur von **vier Büchern** gesprochen. **Ebert**[*]) sieht mit Recht im **ersten Buche** nur eine Einleitung zu den **vier andern** und hat keinen Grund, auf den Ausweg hinzuweisen, dass man auch die beiden ersten Bücher als eins ansehen könne. Dadurch würde das erste Buch unverhältnismässig viele, nämlich 652 Verse umfassen. Uebrigens hat der Dichter selbst in der Wiederholung des **quattuor** angedeutet[**]), dass seine Einleitung des Hauptstoffes in **vier Teile** um der **vier Quellenschriften** willen, aus welchen er geschöpft habe, geschehen sei.[***])

---

[*]) Gesch. der christl.-latein. Literatur. I, S. 358 ff.

[**]) **Quattuor ergo mirabilium diuinorum libellos, quos ex pluribus pauca complexus usque ad passionem et resurrectionem ascensionemque domini nostri Jesu Christi, quattuor euangelistarum dicta congregans, ordinaui, contra omnes aemulos tuae defensioni commendo.**

[***]) Merkwürdig ist immerhin die Nachricht des Isidorus Hispalensis, welcher in seiner Fortsetzung des von Hieronymus und Gennadius begonnenen, bezw. fortgesetzten catalogus uirorum illustrium Cap. VII sagt: **Sedulius presbyter edidit tres libros, dactylico heroico**

Somit ist das erste Buch, wie auch sein Inhalt ergibt, nur eine **Einleitung** in die vier Evangelienbücher.

metro compositos: quorum primus signa et uirtutes ueteris testamenti potentissime resonat, reliqui uero gestorum Christi sacramenta et miracula intonant. Cf. Bibl. Eccles. Fabric. 1718. p. Isid. Hispal. de script. eccles. p. 51. Demnach müsste er Buch 2—3, 4—5 als zusammengehörend angesehen haben, was an sich ja möglich ist, den Schlussworten der Widmung freilich widerstreitet. Dass Isidorus jene Widmung unbekannt geblieben sei, lässt sich leicht annehmen; fehlt dieselbe doch in vielen Handschriften und darum in den meisten der ersten Ausgaben des Carmen paschale. (Vgl. Cave, scr. eccl. hist. lit. Genev. 1694. p. 239.) Andrerseits lautet in einer **anderen** Handschrift des Isidorus die betreffende Stelle so: „edidit heroico metro quinque mirabilium diuinorum libellos". Doch klingt mir diese Fassung ebenso verdächtig, als der jedenfalls erst in späten Handschriften vorkommende Titel des Buches „Mirabilia diuina", welcher zwar aus der Widmung herausgelesen werden konnte, aber gewiss nicht der vom Dichter gewollte Nebentitel des **Carmen paschale** war. Zwei sehr alte Handschriften, die Turiner und die Ambrosianische, teilen das Werk deutlich in **fünf** Bücher, von welchen ein Buch dem „alten Testamente", vier dem **neuen** zugehören. **Vier** Bücher nimmt eine Anzal sonst guter Handschriften an und zieht, wie der Cod. Paris. 13 377 Buch 1 und 2 zu **einem** zusammen. Wir glauben, aus Missverständnis der Worte quattuor libellos im Widmungsschreiben, welche sich nur auf die den vier Evangelien entlehnten und selbst auf die Vierzal gebrachten Bücher der göttlichen Wunder des **neuen** Testamentes beziehen. Allerdings nennen einige mittelalterliche Citate das fünfte Buch das **vierte** und zälen somit das erste (alttestamentliche) Buch als Einleitung überhaupt nicht oder verbinden dies mit dem ersten neutestamentlichen Buche zu **einem** einzigen. [Cf. Appendix ad Caroli Magni capit. de imag. (M. t. 9S. p. 1321); Dungalus Reclusus, adv. Claud. Taur. (Mign. t. 105. p. 495)]

Die **Dreizal** in der Einteilung finden wir aber nicht nur bei **Isidorus Hispalensis** (c. 7.), sondern auch bei **Honorius** Augustodunensis (L. III de script. eccles. c. 7.), welcher die Worte Isidors fast wörtlich herübernimmt. (Bei Fabr. finde ich a. a. O. p. 66. im Texte des Honorius nur dactylico ausgelassen und statt et miracula: **vel m.**) Auch weist ein Citat des Jonas Aurelianensis episc., de cultu imag. II (Migne t. 106. p. 348) darauf hin, dass es Handschriften gab, welche nur in 3 Bücher das Werk einteilten. Denn Jonas citirt: **Sedulius in tertio libro** Paschalis carminis und zwar die Stelle des **5.** Buches, V. 184 ff.

Der Anonymus Mellicensis, wie ihn Fabr. in der bibl. eccles.

Wenden wir uns dem ersten Buche zu. Wenn die heidnischen Dichter ihre Erdichtungen (und das sind doch ihre Mythen) durch alle möglichen Mittel, durch die ernste Sprache des Tragikers oder die heitere des Komikers oder durch anderen Zauber poetischer Schönheit aufzuputzen suchen und so die in jenen abscheulichen Erzälungen liegenden Gefaren der Ansteckung stets wieder erneuern und dem Papier immer wieder die alten Lügen anvertrauen dürfen, warum soll ich (Sedulius), der ich mich gewönt habe, die Psalmen Davids zur zehnsaitigen Harfe zu singen, schweigen von den herrlichen Wundern Christi, meines Heilandes? Kann ich doch Offenbares besingen, und ist doch meine höchste Freude, den Herrn zu preisen, welcher mir Herz und Sinne gegeben hat; ihm allein darf das Geschöpf seiner Hände dienen, der nach ewigem Rechte in den Burgen des Himmels gleiche Macht mit dem Vater besitzt und gleiche Ehre und ewiges Reich.*) Christus ist der Weg zur Seligkeit, er fürt geraden Weges (firmos gradus) zu den oesterlichen Gaben. Diese zu preisen soll denn des Dichters Aufgabe, seiner Dichtung Inhalt sein. (V. 1—21.)

Dann fordert der Dichter die Leser auf, welche bisher von attischer Gelehrsamkeit sich hätten tödlich vergiften lassen, Hilfe und Leben bei Christo zu suchen. In einer Reihe wirksamer Gegensätze stellt er dem bisherigen Be-

---

p. 141 sequ. vorfürt, kennt gar nur zwei Bücher. Er schreibt über S.: **Sedulius Antistes ad Macedonium presbyterum magistrum suum libros duos, de ueteri scilicet et nouo testamento, metro conscripsit heroico, quibus et prolixum prosaice scriptum praeposuit prologum. (C. 35.)**

*) Wie in einem Hymnus häuft und steigert der Dichter das Lob Christi an dieser Stelle:

> Qui sensus et corda dedit; cui conuenit uni
> Facturam seruire suam; cui iure perenni
> 15 Arcibus aetheriis una est cum Patre potestas,
> Par splendor, communis apex, sociale cacumen,
> Aequus honor, uirtus eadem, sine tempore regnum,
> Semper principium, sceptrum iuge, gloria consors,
> Maiestas similis.

Ein Herz, welches so voll der Bewunderung der Wundertaten Christi ist, kann allerdings nicht schweigen, es muss reden und singen.

sitze die Genüsse entgegen, welche ihrer im Christentume warten. (V. 22—43.)

Hieran schliesst der Dichter ein Gebet an Gott den Vater, dessen Schöpfertaten er aufzält und dessen Vorsehung er als eine nach der Schöpfung und dem Sündenfalle der ersten Menschen dauernd bewiesene rümt, und von dem er sich erbittet, dass er ihn auf dem schmalen Wege, den nur wenige finden, zu seiner Stadt füre und ihm das Wort darreiche, welches unseres Fusses Leuchte sei, damit der Pfad des Lebens ihn zu den Hürden des Feldes bringe, in welchen der gute Hirte seine liebe Herde schütze und in welche das Lamm des jungfräulichen Schafes mit weissem Fliesse zuerst eintrete und die ganze weisse Herde nachfolge. „Unter deiner Fürung ist der Weg nicht schwer; deinen Befehlen ist die ganze Natur unterworfen, und auf des Herrn Befehl ändert sie ihre Gewonheit und verwandelt sich in die entgegengesetzten Gestalten. Befiehlst du, dass mitten im Winter geerndtet werde, so wird der Winter auch Schnitter hervorbringen. Soll unter der Sonne des Frühlings der Most rinnen, so wird der schmutzige Winzer die gepressten Trauben keltern, wärend die Felder in Lenzespracht stehen; alle Zeiten werden den göttlichen Worten gehorchen." Beweise hierfür sind sattsam vorhanden, nur einzelne Zweige will der Dichter, indem er gewissermassen einen grossen Wald durchschreitet, berüren. (V. 44—86.)

Als solche Wundertaten erwänt er den Henoch, welcher den Tod nicht schauen sollte, den erstorbenen und doch fruchtbar gemachten Leib der Sarah, das Sichselbstdarbieten des Widders an Isaaks Statt, die Errettung Lots und die Bestrafung von Lots Weib, Gottes Erscheinung vor Mose im feurigen Busche, den Durchgang Israels durchs rote Meer, das Manna, das Wasser, welches aus dem Felsen geschlagen wurde, den Esel Bileams, den Sonnenstillstand zu Gibeon, die Speisung des Elias durch Raben und seine Himmelfart im Flammenwagen, Hiskias Genesung, das Schicksal des Jonas im Fischesbauch, die drei Männer im Feuerofen, den Wansinn des Nebucadnezar und Daniel in der Löwengrube. (V. 87—203.)

Eine Recapitulation fürt alle diese Wundertaten nochmals kurz uns vor Augen; diese Taten sind ja der Triumph der Allmacht unseres Gottes. (V. 204—225.)

Nun bedauert der Dichter die Heiden, welche Götzen, Idole, Eitles anbeten, sich selbst Bilder machen und ihren Schöpfer fliehen, wärend sie das Gebild ihrer Hände verehren. Der Wansinn betört sie, Vögel und Stiere, Drachen und Hunde anzubeten, die Sonne für den Vater aller Dinge zu halten, den Mond, den abnehmenden und wechselnden, zu ehren, wie auch die Sterne, welche vor dem Tage erbleichen und entweichen. Der eine verehrt das Wasser, das Feuer ein andrer, dieser errichtet vor einem Baume Altäre und fleht die Zweige kläglich an, wieder andere das Gemüse — der Dichter bricht ab, um in dem heiligen Gedichte nicht allzu viel Raum mit unheiligen Dingen zu verschwenden. (V. 226—265.)

Er wendet sich seiner Aufgabe wieder zu, von welcher er seit V. 21 nach mehreren Seiten hin abgeschweift war.

Die vorhin erwänten Wundertaten des alten Testamentes seien Werke des dreieinigen Gottes. Und der Glaube an das eine und doch dreifaltige göttliche Wesen sei der wahre Glaube, welchen der unglückliche Arius verachtet habe. Und nun gedenkt der Dichter des schrecklichen Endes des Arius und geht in einer weiteren Erörterung auf die Lehre von der Dreieinigkeit ein, welche er durchaus in nicenischem Geiste darlegt, indem er nicht nur den Arius, sondern auch den Sabellius zurückweist. (V. 266—317.)

Auch diese Erörterung soll dem Dichter den Weg zum neuen Testamente, zu Christo banen, unter dessen Kreuzesfane er stehe und streite. In dessen Reiche möchte er der letzte Streiter sein, in dessen Stadt nur ein kleines Haus bewonen und in dem Buch des Lebens der letzte eingetragene Bürger heissen. Christus werde ihm diese Bitten gewären, da er ja zur Rettung der im Tode liegenden Welt vom Himmel gekommen und Mensch geworden sei. (V. 318—338.)

Dies haben die vier Evangelisten, jeder nach seiner Eigentümlichkeit, verkündet, und nicht minder alle 12

Apostel, — und dieser Aufgabe will sich auch der Dichter zuwenden. (V. 339—352.)

Im zweiten Buche beginnt der Dichter mit dem Sündenfalle, um einerseits das Erscheinen des Sünderheilandes zu begründen, andererseits einen wirksamen Gegensatz für Maria in dem Hinweise auf Eva zu schaffen. Den Protoplasten hatte die Schlange aus dem Paradiese vertrieben und durch die Lockungen des Gaumens dem Armen den bitteren Tod gebracht. Und nicht nur hatte dieser, unter dem Gesetze des Todes liegend, den Zorn Gottes als verdienten erkannt, sondern auch das ganze von ihm abstammende Menschengeschlecht fülte sich unter demselben Zorne. „O des schädlichen Weibes! Jener Drache war hinterlistig, aber auch du warst ein schädliches Weib! O des Schmerzes! Beide waren unsterblich gewesen, und als der Ursprung (das erste Menschenpar) zu wachsen begann, geht er selbst zu Grunde, und den Todeskeim nehmen die Nachkommen mit der Geburt in sich auf."
Was nützte ein langes Leben, eine Lebenszeit von über 900 Jaren, so dass man die Nachkommen des zehnten Gliedes noch schauen und sein Geschlecht nicht mehr übersehen konnte: schliesslich kam doch die letzte Stunde, unabwendbar; sie kam spät, aber sie kam, und im Vergleich zu der verlorenen Ewigkeit ist der Zeitlauf nur ein kurzer gewesen; und hoffnungslos umstanden die Enkel das Grab des ersten Erdgeborenen, wenn nicht der fromme Sämann, zur Vergebung so geneigt, zur Vergeltung so schwierig, die Restauration seines Werkes, die Erlösung seines Ebenbildes beschlossen und vorbereitet hätte und zwar dergestalt, dass die Seligkeit denselben Weg nehmen sollte, welchen der Tod genommen hatte.*) Gleichsam aus den spitzen Dornen steigt eine weiche Rose auf, welche nichts

---

*) D. h. ein frommes Weib sollte das Leben uns schenken, wie ein schuldbeladenes uns den Tod gebracht hat; vgl.
ut, unde
II, 27 Culpa dedit mortem, pietas daret inde salutem.

Verletzendes hat und durch ihre Ehre die Mutter verdunkelt.*) So hat, da die heilige Maria von dem Geschlechte Evas stammte, eine neue Jungfrau die Tat der alten versönt, so dass, da die frühere befleckte Natur unter dem Banne des Todes lag, durch Christi Geburt der Mensch wiedergeboren werden und den Flecken des alten Fleisches ablegen konnte. (V. 1—34.) Nachdem dieses Ereignis die alten Propheten als zukünftiges geschaut hatten, verkündete ein Engel der reinen Maria dasselbe als nahe bevorstehend, und das Wort findet Glauben, und der Glaube schaut und fült die Erfüllung. Der Schöpfer aller Dinge tritt unter das Gesetz des Geborenwerdens, und die Jungfrau freut sich, dass sie gebären soll den, der auch ihr Vater ist. (Luc. 1.) Und als die Zeit gekommen und das Wort Fleisch geworden war, welches unter uns wonen wollte (Joh. 1, 14), da erscheint das Licht der Welt, wie der Bräutigam frohlockend aus seiner Kammer**) (Ps. 19, 6), da erscheint der, welcher an Schöne alle Menschenkinder überragt, auf dessen schönen Lippen die Holdseligkeit ausgegossen ist. (Vgl. Ps. 45, 3.) Und nun preist der Dichter zuerst den Heiland, welcher Knechtsgestalt an sich nimmt, um uns von dem Joche der Knechtschaft zu befreien. Ja Er, welcher seit Anbeginn der Welt aus seinem Reichtum alle Geschöpfe kleidet, nimmt mit den schlechten Hüllen vorlieb; den Meer und Erde und Himmel nicht umfassen, der ist

---

*) Man vergisst über der Rose die Dornen. — Der Vergleich der Maria mit einer Rose tritt, übrigens mit anderen Vergleichungspunkten, auch in dem neuen geistlichen Liede uns entgegen:

Es ist ein Ros entsprungen	Das Blümlein, das ich meine,
Von einer Wurzel zart,	Wovon Jesaias sagt,
Wie uns die Alten sungen,	Hat uns gebracht alleine
Von Jesse kam die Art,	Marie, die reine Magd.
Und hat ein Blümlein bracht	Aus Gottes ewgem Rat
Mitten im kalten Winter	Hat sie ein Kind geboren
Wol zu der halben Nacht.	Wol zu der halben Nacht.

**) Ebert a. a. O. S. 360 denkt hier irrig an die Stellen des Hohen Liedes, welche den Bräutigam preisen; es schweben offenbar dem Dichter nur jene Psalmstellen vor.

völlig vom Leibe eines Kindes umschlossen, und in der engen Krippe ruhte Gott! Ein Lob der Maria, der Mutter des Himmel und Erde beherrschenden, ewigen Königs, des gesegneten Weibes, der geehrten Jungfrau, die ihres Gleichen nicht hatte noch haben wird, schliesst sich an. (V. 35—69.)

Zuerst dürfen arme Hirten den Neugeborenen sehen, der selbst Hirte war; den Herden zeigte sich das Lamm, und der Engel Chor pries die Wunder Gottes. (Luc. 2, 8 ff.)

Es folgt die Erzälung von den Magiern, welche (nach Matth. 2, 1 ff.) nach Jerusalem kommen, mit ihrem Fragen nach dem neugeborenen König der Juden den Herodes erschrecken, und von der Ueberlistung der Weisen durch Herodes. Zwar erreicht dieser seine Absicht nicht, aber ein andrer seines Namens und Hauses wird die Erfüllung seines Wunsches sehen — unter dem Kreuze! Die Magier, ihrem Königsstern folgend, kommen auf dem Wege, auf welchem später anbetende Völker zu der heiligen Wiege zogen, zum Ziele und schenken dem Kinde ihre Gaben, Gold dem Könige, Weihrauch für den Gott und Myrrhen für das Grab, drei Gaben dem ewigen Gott, der da ist, war und sein wird, in der dreifachen Herrlichkeit seines Wesens. Dann zogen sie, der himmlischen Weisung gehorchend, trotz den Befehlen des Tyrannen, auf anderem Wege in die Heimat zurück. Auch wir dürfen, wenn wir Christum gefunden haben und die Heimat erreichen wollen, nicht wieder den verkehrten Weg aufsuchen. (V. 70—106.)

Herodes stillt seinen Blutdurst in Bethlehem, nachdem ihm das Kind Jesus entronnen war, der rasende Löwe zerreisst die Herde, weil das Lamm seinem Rachen entglitten ist, welches er sich zur Speise ausersehen hatte. Unschuldige Kindlein tödtet der wütende, blutbefleckte König, er vervielfacht seine Mordtat und tödtet Tausende (?) von Kindern und verwundet ebensoviele Mutterherzen. Ergreifend ist nun des Dichters Schilderung von den Zeichen des Mutterschmerzes und seine Anklage des gefüllosen Tyrannen auf dem jüdischen Trone. (V. 106—133.)

Sedulius übergeht die Beschneidung, die Darstellung

Jesu im Tempel (Luc. 2, 21—40), die Rückkehr aus Egypten, das Wonen in Nazareth (Matth. 2, 19—23) und geht zur Erzälung vom zwölfjärigen Jesus im Tempel über (Luc. 2, 41 ff.), welche er aber auch nur streift. (V. 134—140.)

Nun wird die Taufe erzält und hier zuerst der Täufer Johannes erwänt, von ihm aber einiges aus seiner Kindheitsgeschichte (Luc. 1, 41. 64.) nachgeholt und sein Hinweis auf Christum als das Gotteslamm, welches gekommen sei, der Welt Sünde wegzunehmen (Joh. 1, 29.), beigebracht.*) Christus, der als Reiner in die Furt des strömenden Wassers getreten ist, wäscht an sich alle Flecken unseres Lebens ab; der Herr segnet andrerseits durch seine Glieder das Wasser.**) Die Vision des heiligen Geistes, die Stimme des Vaters, der von beiden geehrte Son Gottes — dieser Augenblick ist ein neuer Beweis für die heilige Trinität, und der Dichter schliesst:

Quo manet indignus, qui non numerauerit unum,

d. h. wer nicht in der Einheit eine Mehrheit, eine Dreiheit gefunden hat. (V. 141—174.)

Die Versuchungsgeschichte hat Sedulius nach Lucas (C. 4), nicht nach Matthäus (C. 4), erzält, d. h. es folgen die Versuchungen der Fleischeslust, Augenlust und Hoffart in dieser passenderen Reihenfolge auf einander, wärend Matthäus die beiden letzten umstellt. Dagegen knüpft er den Engelsdienst, von welchem Matthäus allein (C. 4, 11) berichtet, an den Sieg über den Versucher an. (V. 175—219.)

---

*) Dagegen fehlt, für die Absicht des Sedulius charakteristisch, die Busspredigt des Täufers (Matth. 3, 1—12), auch der historische Teil des Joh. C. 1.

**) Sedulius citirt hier auch Ps. 114, 3. 5. in den Worten:

Senserunt elementa Deum, mare fugit, et ipse
Jordanis refluas cursum conuertit in undas:
Namque propheta canens, quidnam est, mare, quod fugis, inquit,
Et tu Jordanis retro quia subtrahis amnem?

Die Stelle bezieht sich auf den Auszug Israels aus Egypten und seinen Einzug in Canaan, und ist also keine Prophezeiung, wie es der Dichter auffasst, auf Christi Taufe und Wandeln über das Meer.

Es folgt die **Berufung der ersten Jünger**; die Fischer werden zum Menschenfischfang auserwält*) (Matth. 4, 18 ff.) und so von dem Allerhöchsten die törichten, verachteten Werkzeuge auserkoren, damit er das Starke zu nichte und die Weisheit dieser Welt zur Torheit mache. (Vgl. 1. Cor. 1, 27 ff.) (V. 220—230.)

Von der Bergpredigt aber schweigt der Dichter gänzlich, nur das wichtigste Stück derselben, **das Vaterunser** (Matth. 6.) hält er für einer kurzen erklärenden Paraphrase würdig und schreitet hierzu kurz und kün über, indem er sagt:

Da der Herr sogar das Heil zu beschleunigen wünscht, so hat er Vorschriften des Gebetes gegeben, und der gütige Richter befielt, dass man kurz um Verzeihung bitte, um diese schnell zu gewären, indem er also beten heisst. Und nun schliesst sich das Vaterunser an.

Obgleich der nun folgende Abschnitt nicht gerade der schönste des Werkes ist, so bildet er doch in sich ein Ganzes, und da die Darstellungsweise sich aus einer metrischen Uebersetzung wenigstens einigermassen auch von einem der fremden Sprache Unkundigen erkennen lässt, so lasse ich diesen Abschnitt hierunter in möglichst getreuer Uebersetzung folgen:

Betet zu dem, der **Vater** euch ward in heiliger Taufe,
235 Der dem Menschen seitdem die eigene Ehre vergönnt hat,
Und, was ihm nur gebürt, euch allen zu haben gestattet.
Doch die Vater benennen den Herrn des Himmels, uns ziemt es,
Nun als Brüder zu leben, und fern sei, sündlicher Regung
Raum zu verstatten zum Hass; es gilt, das Erbe der Sünde
240 Wie ein veraltet Gewand zu vernichten im Feuer der Busse
Und ein Neues zu sein, und nie des ewigen Gottes,
Welcher in Christo, dem Son, zu Christi Brüdern uns annahm,
Wieder vergessend zu leben als Gottes entartete Kinder.
Wo ist geheiligt der Höchste, der alles geweiht in der
Schöpfung?
245 Nur im gläubigen Geiste geschichts und im keuschen Gemüte;
Und wir heiligen uns, die wir den Herren verehren.
Er entsündigt uns erst und nimmt dann wieder von allen,
Welche zuvor er segnet, den Segen des Namens als Dank hin.

---
*) Auffallend ist, dass Petri **wunderbarer Fischzug** hier unerwänt bleibt.

Zu uns komme das Reich, es komme das himmlische baldigst,
250 Welches des Todes entbehrt, und dem kein Ende bevorsteht,
Dem nie andere Zeit mehr folgt, weil ewiger Tag ist
In der zeitlosen Zeit, da Christus Herrscher des Weltalls,
Wo das edele Haupt ziert unvergängliche Krone,
Und der Sieger im Streit der herrlichsten Beute sich freun wird.
255 Dies in vereintem Gebet wir erbitten bei Tag und zur Nachtzeit,
Dass sein Wille gescheh' im Himmel und auch auf
der Erde.
Gott, der nirgends die Sünde gewollt, vertreibe den Erzfeind,
Wie vom Himmel, so bald von der Erde, die Leiber uns hütend,
Dass nicht der wütende Drache zur Wonung diese sich auswält.
260 Ja der allmächtige Gott, der alles in sorglicher Hut hält,
Unaussprechlich in Gnade, beware die Seelen und Glieder;
Denn wir entstammen der Erde nur halb, halb sind wir des
Himmels.
Lasst uns im täglichen Brote die Stärkung erhoffen des
Glaubens,
Dass nie Hunger verspüre nach Weisheit unsere Seele,
265 Ihrem Christ entfremdet, der selbst uns Hungernde sättigt
Mit dem Leib und Wort, und Wort uns und Speise zugleich bleibt.
Allzeit schmecken gar süss in unserem Munde des Heilands
Reden und süsser denn Fluss der Waben und jeglicher Honig.
Die wir unserer Schuld Vergebung ferner erbitten,
270 Sollen vergeben die Schuld des Nächsten; denn klare Bedingung
Hält uns Gelobende fest, und härter noch, falls wir begnadigt,
Werden gefesselt wir stehn, wenn wir nicht lösen des Nächsten
Bande; der heilige Herr, der uns zehntausend Talente
Gnädigst erliess, erfärt er, dass wir um hundert Denare
275 Drauf den Bruder betrübt und gewürgt gar unseren Mitknecht,
Wird uns sicher sogleich zur Pein ausliefern den Schergen,
Dass wir in grausiger Haft fortan Gefesselte bleiben,
Bis wir der eigenen Schuld den letzten Heller bezalet.
Nicht als ob uns der Herr, der zu Licht und Frieden uns
leitet,
280 Selbst in Versuchungen triebe! Doch lässt er solche ge-
schehen,
Lässt er in Not uns allein, und männiglich, welcher den Netzen
Folget der trügrischen Welt, die Genüsse erwälend, mit denen
Ihn das Verderben berückt, den lässt Gott, welcher die Tugend
Liebt, hinfort sich selbst, dass er tritt auf den Weg der Versuchung;
285 Doch wir wollen den Fuss von sündigem Pfade zurückziehn,
Das nur suchen, den Weg, den engbegrenzten, zu finden,
Der zum himmlischen Reich durch schmale Pforte hinauffürt.

Wollen wir meiden den Bösen,*) so müssen wir suchen den
  Guten
Und ihm folgen allein; er rettet uns, jener vernichtet;
290 Dieser ernärt und jener zerstört. Von der Erde sind Sterne,
Feuer vom Wasser, das Licht von der Finsternis, Eintracht vom
  Streite,
Und das Leben nicht ferner dem Grab, als vom Bösen das Gute,
Ewig getrennt. Nun frage sich jeder, ob er nach rechts soll,
Ob er nach links hin wandeln. Doch sieh, auf ersterem Pfade
295 Wirst du zu ewigen Freuden mit allen Gerechten geleitet
Und in Abrahams Schosz. Der andere füret die Bösen
Zu den Strafen hinab in die freudlosen Reiche des Todes.
Doch das bleibet allein der Wille des ewigen Gottes,
Das die Freiheit der Lämmer, dass sie dem Rachen des Wolfes
300 Können entrinnen und weiden auf Christi himmlischen Auen.

Mit dieser Paraphrase des Gebetes des Herrn endet auch das zweite Buch. Das dritte beginnt mit Christi erstem Wunderwerke nach Johannes, mit der Verwandlung des Wassers in Wein auf der Hochzeit zu Cana. (Joh. 2, 1 ff.) Mit allen Evangelienharmonien wird Sedulius sicher in Conflikt treten, falls es ihm auf eine chronologisch geordnete Aneinanderreihung der Taten und Leiden Christi ankam.

Hieran schliesst der Dichter den Bericht über die Heilung des Sones des Königischen (Joh. 4, 43 — 54.) Dass Sedulius C. 3 und den Anfang des 4. Cap. des Johannes gänzlich übergeht, bestärkt uns in der Vermutung, dass er die Schilderung der anderen Ereignisse im Leben Jesu, dessen Unterredungen (mit Nicodemus, der Samariterin etc.) nicht zu seiner Aufgabe rechnet; er will nur Wundertaten aus Christi Leben erzälen. Ob ihm auch die epische Gestaltung eines Berichtes über Reden zu schwierig erschien? Wir möchten es doch kaum glauben. Die wenigen Ausnahmen, von welchen wir (von der Kindheitsgeschichte Jesu ist, auch unter diesem Gesichtspunkte, wie es scheint,

---

*) Böse und Gute sind in der letzten Bitte persönlich zu nehmen, wie auch der Grundtext gestattet und die ältesten Auslegungen des Vater Unser bestätigen.

eine Auswal getroffen) bereits einen Fall (die Erklärung des Gebets) kennen lernten, befestigen die Regel und lasen sich zudem noch besonders begründen. Die Nutzanwendung dieser Heilung ist übrigens folgende: „Die freigebige Allmacht, welche dem Gläubigen nichts abschlägt und mit dem raschen Glauben Schritt haltend ihre Gaben nicht zurückhält, gewärt mit leichtem Worte die Genesung und sagt: Gehe hin, dein Son lebt schon. Wie viel bringt der Befehl im Reiche Christi! Er sagt nicht: Er wird leben, sondern er lebt bereits, nach der Weise Gottes, welcher alles, bevor es entsteht, als vergangenes schaut, alles, von dem er will, dass es zukünftig sei." (V. 1—22.)

Die folgenden Verse, welche von dem Umherwandeln Jesu im ganzen Lande und seinen ersten Krankenheilungen nur summarisch berichten, erinnern deutlich an Matth. 4, 23. 24.

Aus Matth. 8 entlehnt der Dichter drei Wunderberichte, die Erzälung von der **Heilung des Aussätzigen** (Matth. 8, 2. 3.), der **Schwiegermutter des Petrus** (C. 8, 14. 15.), der **Besessenen**, welche Christum kannten und auf seinen Ursprung hinwiesen (C. 8, 16. cf. Mc. 1, 23—26. 3, 10 ff.). Da diese Ereignisse nur Matthäus in dieser Reihenfolge erzält, so halten wir uns berechtigt, Matthäus als eigentliche erste Quelle für diese Verse anzusehen, obgleich die Erzälung vom **Knecht des Hauptmanns von Kapernaum**, welche in Matth. 8 sich findet, hier übergangen ist. (V. 23—45.)

Jesus stillet das Meer (Matth. 8, 23 ff.) wird genauer und ebenso anschaulich als erbaulich geschildert. Daran schliesst sich die Heilung der beiden Besessenen im Gergesenerlande. (Matth. 8, 28—34.) (V. 46—85.)

Nun beginnt Matthäus im 9. Capitel, V. 1 mit den Worten: „Da trat er in das Schiff und fur wieder herüber, und kam in **seine** Stadt." Für uns ist kein Zweifel, dass mit der Stadt Christi dessen neue Heimat **Kapernaum** gemeint sei. Sedulius denkt aber offenbar an die Vaterstadt Christi **Nazareth**, denn er sagt:

    Hinc alias Dominus pelago delatus in oras
    Intrauit natale solum, quo corpore nasci
    Se uoluit, patriamque sibi pater ipse dicnuit: etc.

Hierhin verlegt denn der Dichter auch die in Kapernaum nach Matth. 9, 1 ff. geschehene Heilung des Gichtbrüchigen. Aber so ausfürlich der Dichter auch die Krankheit der Gicht zu schildern weiss, so weicht er doch in keinem Stücke von dem Berichte des Matthäus ab; die anschauliche Darstellung in Marc. 2. v. 4 ist ihm entgangen. Aber auch die hämischen Angriffe der Schriftgelehrten, welche an dem Worte Christi: Sei getrost, mein Son, deine Sünden sind dir vergeben (Matth. 9, 3 ff.) Anstoss nahmen, sind für den Dichter ebenso nebensächlich, als die Berufung des Matthäus und das Gespräch Christi mit den Pharisäern über den Arzt, die Gesunden und Kranken und mit den Johannisjüngern über das Fasten, den neuen Lappen auf dem alten Kleide und den Most in alten Schläuchen; er geht sofort zu der **Todtenerweckung des Töchterleins des Synagogenobersten und der Heilung des blutflüssigen Weibes** über. (Matth. 9, 18—26.) (V. 86—102.)

Merkwürdiger Weise hat auch hier der Dichter den Bericht des Marcus unbenutzt gelassen. Und doch bot Marcus den Namen des Schulobersten, Jairus, doch erzälte jener, dass Jairus Jesum zu einer Sterbenden ruft, würend Matthäus den Vater für eine **bereits gestorbene Tochter** bittet, und dass erst später Knechte die Nachricht von dem eingetretenen Tode des Kindes bringen und das Bemühen des Meisters für unnütz, die Hilfe für zu spät kommend halten. Sedulius erzält genau nach Matthäus die Bitte des Schulobersten, das Volksgetümmel, die Heilung des blutflüssigen Weibes, und den Eintritt Jesu ins Sterbehaus. Merkwürdig ist freilich hier das Prädikat **moriens**, welches dem Mägdlein jetzt noch beigelegt wird, obgleich dasselbe vorher und nachher als bereits todt bezeichnet ist. (V. 103—142.)

Die Wunder der **Heilung zweier Blinden** und **des stummen Besessenen** schliessen sich an; die Quelle bleibt auch hier Matthäus. (C. 9, 27—33.) (V. 143—157.)

Vom Cap. 10 des Matthäus hat der Dichter zwar nicht das Verzeichnis der Jünger, aber doch einige Gedanken aus der angeschlossenen Rede entnommen, durch welche die zwölf Jünger autorisirt werden, statt Christi in dem jüdischen Lande umher zu gehen, den Anbruch des Himmelreiches zu verkündigen und in Jesu Namen die Kranken zu heilen. Im Ganzen hat der Dichter freilich nur V. 6—8 verwertet und bei Erwänung der Schafe Israels (V. 6) einen Gedanken aus Joh. 10 vom guten Hirten herübergenommen. Den übrigen Teil des Capitels hat Sedulius unbenutzt gelassen. (V. 158—180.)

Auch Matth. 11—12, 1—9 übergeht der Dichter gänzlich; sind doch in diesen Abschnitten des Evangeliums keine Taten, sondern nur Reden und Unterredungen Christi berichtet worden. Zu dem Menschen mit der **verdorrten Hand**, den Christus in der Synagoge heilt, geht der Dichter sofort über (Matth. 12, 10—13), verschweigt aber den Anstoss, welchen diese Heilung hervorruft, weil sie am Sabbath geschah, und die Verteidigung Christi, wie auch die Mordpläne der Pharisäer. Dagegen erzält er auf Grund von Matth. 12, 22 ff. die Heilung **des blinden und stummen Besessenen**, um dann abermals die Anklage der Feinde, dass Christus im Dienste Beelzebubs die Teufel austreibe, gänzlich zu verschweigen. Der übrige Inhalt von Matth. 12 und 13 bleibt unverwertet. (V. 181—197.)

Wärend wir bisher von V. 23 dieses Buches an eine ununterbrochne Benutzung des Matthäus fanden, kommt, hier völlig unerwartet, eine zweite Sabbathsheilung, die des seit 18 Jaren kranken, kontrakten Weibes nach Luc. 13 10—17. Das Ereignis setzen wir viel später, als es der Dichter tut. Vermutlich hat der mit Matth. 12 sich mehrfach berürende Inhalt von Luc. 13 in dem Dichter die Meinung erweckt, dass diese Heilung mit den beiden zuletzt erzälten Heilungen sich nicht nur sachlich, sondern auch zeitlich berüre. (V. 198—205.)

Die **Speisung der Fünftausend** wird zwar von allen Evangelisten berichtet, am genauesten freilich ist der Wunderbericht bei Marcus 6, 31—44, wärend Johannes (C. 6, 1—13) zwar auch ausfürlich berichtet, aber hauptsächlich um der angeschlossenen Rede über das Brod des Lebens willen das Wunder erzält zu haben scheint. Die

Details hat Sedulius nicht berücksichtigt, und so gehen wir wol nicht fehl, wenn wir annehmen, er folge wieder, wie bisher, dem Matthäus (14, 13—21). Die Darstellung ist hier dadurch etwas lebendiger geworden, dass der Dichter einen Vergleich zwischem Moses, dem Vorbilde, und Christo, dem Urbilde, zieht, dem wahren Propheten, und von beiden aussagt, dass sie das Volk mit sich in die Wüste gefürt und das hungriggewordene gesättigt hätten. Nur sind die Wunder des neuen Testamentes grösser als die des alten. Dort seien reichliche Vögel zur Speise vorhanden gewesen und ein zureichender Mannaregen habe das Brot gebracht, hier habe Christus mit zwei Fischlein und fünf Broten mehr als fünftausend Männer gesättigt. Die Zahl der Sattgewordenen sei nicht festzustellen, man müsse noch die sehr grosse Kinderschar und die nicht minder grosse Schar von Müttern hinzufügen. Und doch sei die Sache noch wunderbarer, wenn man an die reichlichen Ueberbleibsel des Males denke. (V. 206—217.)

Die Rückreise der Jünger zu Schiff, das Wandeln Jesu auf dem galiläischen Meere, Petri Glaubenskraft und -Schwäche, die Heilung der Kranken im Westjordanlande (Genezareth) durch Anrüren des Sammes des Kleides Christi schildert der Dichter in treuem Anschluss an Matthäus, der hier zudem die ausfürlichere Quelle ist, Marcus (C. 6) sowol als Johannes (C. 6) überragend. (V. 218—240.)

Es folgt die Erzälung vom cananäischen Weibe, zu welcher der Dichter, Matthäus folgend, übergeht. (Matth. 15, 21 ff.) Das Gespräch Christi mit den von Jerusalem herbeigekommenen Pharisäern über die „Aufsätze der Aeltesten" passt nicht in die Aufgabe der Dichtung und bleibt unberücksichtigt. (Matth. 15, 1—20.)

Die Erzälung vom cananäischen Weibe, welche sich den Hunden gleichstellt, die stets unter dem mit duftenden Speisen besetzten Tische liegen, gewont, die überbleibenden Bissen der Herren zu verzehren, deren Stimme so demütig, deren Glaube so gross war, schliesst mit der Bemerkung: Ihr Glaube machte, nachdem die Tochter genesen war, aus dem Hündlein ein Lamm und bewog das unter den Dornen des Heidentums gewesene nunmehr an dem Grase der ebräischen Auen zu weiden. (V. 241—249.)

Der Dichter folgt der Fürung des Matthäus und berichtet auf Grund von Matth. 15, 29—31 in überschwänglicher, jedenfalls übertreibender Weise von der Heilung tausender von Blinden und tausender von Lamen, Völkern von Aussätzigen, Scharen von Tauben und Krüppeln.

Er schliesst hieran die Erzälung von der zweiten Speisung (Matth. 15, 32 ff.) (V. 250—271.)

Dagegen übergeht er C. 16 des Evangeliums Matthäi gänzlich; so wichtig uns dieser Abschnitt auch erscheinen mag, für den Dichter war derselbe nebensächlich, da dieser vor allem nur die mirabilia ins Auge gefasst hatte. So geht er denn zur Verklärung Christi (Matth. 17, 1 ff.) über, welche er in folgender Weise schildert: „Obgleich Christus an seinem menschlichen Leibe seit der Geburt von einem Weibe sterbliche Glieder hatte, so konnte doch nicht verborgen bleiben, dass er Gott sei, weil eine Stadt auf dem Berge nicht verborgen bleiben kann und ein brennender Leuchter nicht unter einen Scheffel gestellt wird, sondern höher gestellt seine Stralen nach allen Seiten streut und allen Hausbewonern leuchtet; so hat er nach dem Zeugnis dreier Jünger weithin durch seinen Glanz gestralt, wie die feurige Glut der Sonne, und in eine himmlische Gestalt verklärt mit seinem Glanze den Tag besiegt; ja seine Kleider erschienen den Beschauern weisser denn der Schnee. *) O der hohen Bevorzugung der drei! Ihnen ist es bescheert gewesen, das in der Welt zu schauen, was die Welt nicht einmal geglaubt hat. Und in dieser Weise schildert der Dichter weiter die Erscheinung des Elias und Moses, der beiden Propheten, von denen der eine (Elias) noch lebe, der andere (Moses) an der Grenze des Lebens stehe, d. h. das höchste Lebensalter erreicht habe. Beide bestätigen unseren Glauben, dass dieser der Welt Anfang und Ende, das A und O sei, und mit dem himmlischen Laute zeugt die Stimme des Vaters: „Das ist mein Son", dass Christus durch sein Wort erzeugt sei. (V. 272—291.)

---

*) Diesen Zug hat der Dichter aus Marc. 9, 3 herübergenommen.

Immer noch folgt der Dichter den Spuren des ersten Evangeliums und erzält die Heilung des mondsüchtigen Knaben*) (Matth. 17, 14 ff.). Auch hier verschweigt der Dichter die Worte Christi (Matth. 17, 17), durch welche er den Unglauben der Zeitgenossen und seiner Jünger gleicherweise straft.

Die Verkündigung seines Leidens (Matth. 17, 22—23) übergeht der Dichter und berichtet nur den Fang des Fisches, in welchem der Stater gefunden wurde, den Christus als Abgabe an den Tempel für sich und Petrus bestimmt hat. Nur begegnet dem Dichter der Irrtum, dass er diese Steuer für eine an den Kaiser zu entrichtende hält (tributum soluere Caesareum) und den Stater als ein goldenes Zweidrachmenstück bezeichnet, wärend derselbe ein Vierdrachmenstück war. (Matth. 17, 24—27.) Das schöne Gespräch mit Petrus: „Von wem nehmen die Könige auf Erden den Zoll oder Zins, von den Fremden oder den Kindern? — (Antwort des Petrus.) Von den Fremden. — (Christus) So sind die Kinder frei etc." hat der Dichter nicht verstanden, da er nur an eine Abgabe an einen irdischen Fürsten denkt, und so beginnt er mit den Worten: „Der allein König der Könige und Herr der Herren ist, hält es nicht für eine Schande, dem Kaiser Tribut zu zalen." (V. 292—318.)

Der Streit der Jünger über die Frage, wer von ihnen der Grösste im Himmelreich sei (Matth. 18, 1—4), wird von Sedulius berichtet.**) Dies könnte uns auffallend erscheinen, und es ist in der Tat kein Wunder (mirabile), was hier zu berichten ist; und doch kam dem Dichter die Antwort Jesu sehr wunderbar vor. Ut Deus et doctor mirabilis (als Gott und wunderbarer Lehrer) sagt er: Der Aller-

---

*) Allerdings haben sämmtliche Synoptiker ihrem Berichte über die Verklärung Christi diesen Heilungsbericht angeschlossen. Vgl. Marc. 9, 14. Luc. 9, 37. Aus Luc. hat Sedulius einen Zug herübergenommen, dass dieser Knabe seiner Eltern einziger Son gewesen sei (unus mihi filius est, Domine etc.).

**) Der ganze Rest des 18. Cap. (V. 5—35) wird gar nicht verwertet; so wertvoll er uns auch sein mag, für den Dichter hatte er nur untergeordnete Bedeutung.

höchste ist der Niedrigste, der Mächtigste ist der letzte Diener, und er zeigt auf einen Knaben, dem wir nicht an Jaren, sondern an Gesinnung gleich werden sollen. Das Kind liebt nicht den Pomp dieser Welt, es strebt nicht nach Ehren, es blähet sich nicht in Hochmut. Den Niedrigen und Darbenden erhebt Gott aus dem Staube und lässt ihn tronen unter den vortrefflichen Fürsten; aber den aufgeblasenen und widerspenstigen Geist stürzt er jählings vom Himmel hernieder.

Doch der Dichter muss sich kurz fassen:

Parua loquor: si facta Dei per singula curram,
Et speciale bonum, quum sit generale, reuoluam.

So schliesst das dritte Buch. (V. 319—338.)

Immerhin wird es einigermassen überraschen, dass der Dichter das vierte Buch, in welchem er, sich genau an Matth. 19, 1—2 anschliessend, eine zweite Reise Christi nach Judäa erzälen will, kurz, nachdem er dieser Reise gedacht und von den Krankenheilungen auf derselben gesprochen hat, zu Matth. 19, 23 und damit einem Worte Christi übergeht, welches die Gefaren des Reichtums bespricht. Die Fragen über die Ehescheidung, die Erzälung von der Segnung der Kinder, auch diejenige vom reichen Jüngling bleiben unerwänt (Matth. 19, 3—22).*) Und doch fällt der Künstler nicht aus seiner Rolle. Diese Stelle: „Es ist leichter, dass ein Kameel durch ein Nadelör gehe, denn dass ein Reicher ins Reich Gottes komme" (Matth. 19, 24), verbunden mit V. 26: „Bei den Menschen ist es unmöglich" (dass Reiche selig werden), „aber bei Gott sind alle Dinge möglich" reizte den Dichter zu einer näheren Betrachtung dieses Wunders. „Somit wäre für die Reichen, die vor Fülle ihres Vermögens strotzen, keine Möglichkeit geboten, den schmalen Pfad, der zu den Schwellen des Himmelreichs fürt, zu betreten, wie ein Kameel

---

*) V. 4: **suscipit infirmos** bezieht sich auf die Kranken, nicht auf die Kinder.

vor der Last der Glieder nicht in ein Nadelör eindringen kann — wenn nicht der Schöpfer der Dinge, der durch sein Gesetz die Welt regiert, selbst aber unter keinem Gesetze steht, in dem Wollen und Schaffen eins ist*), den niemand sieht, wärend er alles sieht, gesagt hätte: das ist dem Menschen unmöglich, aber alles ist möglich dem höchsten Gott. Er kann den beschwerlichen Reichtum vielen Reichen schliesslich weich machen." Und nun gibt er die Lösung: „Der verwaltet sein Eigentum gut und sorgt dafür, dass seine Schätze im Himmel aufgehoben werden, wo sie weder der gefrässige Rost zerfressen, noch die Motte durchboren kann, noch das Gold als schlecht vergraben den Dieben bekannt wird, wer nur immer den Hungrigen Speise, den Durstigen einen Trank, Fremden ein Obdach, den Nackenden Kleider spendet, Gefangene tröstet, Kranke pflegt,**) und gegen andere freigebig, gegen sich nur hartherzig erscheint. Und zweifellos kommt jene Substanz in den Himmel, welche Christo gegeben wird, indem man sie einem Armen reicht, welche den Geber bereichert, welche verteilt wird, damit sie bestehe, untergeht, um zu bleiben, welche im Tode das Leben gewärt. (V. 1—30.) Unter Uebergehung von Matth. 19, 27—20, 1—29) wendet sich Jesus zum Auszug aus Jericho und der Heilung zweier Blinder. (Matth. 20, 30—34.) Der Einzug Jesu in Jerusalem bleibt unerwänt, auch die zweite Reinigung des Tempels. (Matth. 21, 1—13.) Dagegen hat er V. 14 nicht zu übergehen gewagt, in welchem die Heilung von Blinden und Lamen erzält wird. (V. 31—41.)

Das Lob Jesu aus der Kinder Mund interessirt den Dichter nicht, wol aber die Verfluchung des unfruchtbaren Feigenbaumes (Matth. 21, 18—21.). Dass dieser Akt eine symbolische Bedeutung für das unfruchtbare Israel habe, ist dem Dichter nicht zum Bewusstsein gekommen. Eine Nutzanwendung fehlt übrigens nicht: Jedem Gott gegenüber unfruchtbaren Menschen steht dasselbe

---

*) cui condere velle est.
**) Diese Gedanken sind aus Matth. 25, 35, 36 entlehnt.

Los hevor, nur der Gerechte wird grünen wie ein Palmbaum, und wachsen wie die Ceder des Libanon, welche mit ihrem Scheitel die Sterne berürt. (V. 42—56.) — —

Die Wunderberichte bei Matthäus sind nun zu Ende. Dem Dichter aber ist nicht verborgen geblieben, dass er noch nicht alle Wunder Christi erzält habe. Aber den Leser täuscht er insofern darüber, dass er jetzt früher geschehene Wunder nachholt, als er die noch folgenden Erzälungen mit Post*) anschliesst.

Die gleich folgende Heilung eines Besessenen, der stumm war, hat freilich mit der oben (vgl. B. III, 188 ff.) berichteten Heilung eines Besessenen, der blind und stumm war (Matth. 12, 22 ff.), so grosse Aehnlichkeit, dass an der Identität der beiden Geheilten um so weniger zu zweifeln sein dürfte, da die Heilung dort wie hier zu denselben Anklagen der Pharisäer nicht blos (diese waren auch bei der Heilung eines besessenen Stummen Matth. 9, 33--34 cf. Sedul. III, 152 ff. laut geworden), sondern auch zu einer gleichlautenden Auseinandersetzung des Herrn über das Reich des Satans Veranlassung gegeben haben. Doch hat offenbar Sedulius das Luc. 11, 14 erzälte Ereignis für verschieden von dem Matth. 12, 22 ff. erzälten gehalten. (Vgl. V. 57—63.)

Hieran schliesst der Dichter die Erzälung von der grossen Sünderin an (Luc. 7, 37 ff.). So ausfürlich aber diese Erzälung auch ist, so verschweigt doch der Dichter gänzlich das Gespräch Jesu mit dem Pharisäer Simon, dessen Gast er war. Auch fragen wir uns wol, was den Dichter bewogen habe, jetzt von seiner Aufgabe, die mirabilia zu erzälen, abzugehen und ein Ereignis zu berichten, in welches man das Wunderbare one Künstelei nicht hineinzulegen vermag? Ob wir darauf eine befriedigende Antwort haben werden? Sehen wir das Folgende an, ehe wir uns entscheiden. (V. 64—81.)

Rückwärts scheint der Dichter im Lucas geblättert zu

---

*) Post ist aber wol, da von einer absichtlichen Täuschung der Leser durch Sedulius nicht die Rede sein kann, durch ferner, ausserdem zu übersetzen.

haben, denn er berichtet von der Heilung eines Besessenen in der Schule zu Kapernaum, bei welcher Gelegenheit der böse Geist Jesum als den Heiligen Gottes anredet; dieses Ereignis steht aber beschrieben Luc. 4, 31—37, und es ist einigermassen sonderbar, dass der Dichter auf dieses Ereignis noch einmal zurückkommt, welches er (nach Marc. 1, 34 ff.) schon im 3. Buch, V. 40 ff., allerdings nur kurz, erwänt hatte. Somit scheint es mir noch passender, anzunehmen, es habe der Dichter bereut, jenen schönen Zug, dass Christus aus dem Munde der Dämonen keinen Ruhm begehrt, damals übergangen zu haben, und er hole ihn jetzt genauer aus Marc. 1, 23—28 und Marc. 1, 24*) nach, sodass für die Verse 82—98 Marcus, nicht Lucas der Gewärsmann sein würde.

Für die nun folgende Heilung eines Taubstummen (V. 99—106) ist offenbar Marc. 7, 32—37 Quelle gewesen. Aber entweder fült sich der Dichter müde, oder er muss sich aus andern Gründen Kürze auferlegen; denn er behandelt die von Marcus, der so anschaulich und ausfürlich erzält, berichtete Heilung sehr kurz, noch kürzer freilich (V. 106—108) die Heilung des Blinden zu Bethsaida, in dessen Augen Jesus spützte und welchen er allmählich durch Handauflegung heilte. (Vgl. Marc. 8, 22—26.)

Und jetzt holt denn der Dichter auch den wunderbaren Fischfang des Petrus nach, und zwar offenbar unter Zugrundelegung des Evang. Lucä (5, 1—11), welches den weitaus ausfürlicheren, ja ganz eigenartigen Bericht gibt.

Die Erweckung des Jünglings zu Nain findet sich nur von Luc. 7, 11—17 erzält; sie wird ausfürlich von Sedulius behandelt (V. 125—141). Noch ausfürlicher ist er in der Darstellung der Heilung der Maria Magdalena (Luc. 8, 2.) (V. 142—149.).

Zum ersten Male gibt der Dichter eingehend eine längere Rede Christi wieder, nämlich die von Lucas allein erzälte Ordinationsrede der 70 Jünger. (Vgl. Luc. 10, 1—24.) Aber eben diese Rede war reich an Ver-

---

*) Diese Notiz findet sich eben nur bei **Marcus**, nicht bei **Lucas**.

heissungen, dass die Ausgesandten die Wunder Christi
ausfüren und erleben sollten. Sie sollten als Schafe unter
die blutgierigen Wölfe gehen, weder Schlangen noch Scorpione fürchten. Kein Feind würde den Sendboten Christi
schaden können. Die Dämonen sollten ihnen untertan
sein. Und doch seien nicht diese Wunderkräfte der höchsten Freude wert, sondern der Umstand, dass ihre Namen
im Buch des Lebens ständen.

Hieran knüpft der Dichter einen Excurs über den
Wert der Wunder im Verhältnis zur Tugend, zum Glauben. Er spielt an auf die ägyptischen Zauberer zu Mosis
Zeit. (V. 150—171.)

Die Heilung des Wassersüchtigen (Luc. 14,
1—6) folgt, der Dichter malt mit sehr starken Farben die
Krankheit und rechtfertigt dann die Heilung am Sabbath.
(V. 172—188.)

Auch die Heilung der zehn Aussätzigen wird
jetzt berichtet (Luc. 17, 11—19.). Von den Geheilten kehrt
nur einer zurück, wirft sich, die Macht des Herrn anbetend, zur Erde und spricht dem wahren Priester (cfr.
V. 14: Zeiget euch den Priestern!) seinen Dank aus. Der
wahre Hohepriester nach der Ordnung Melchisedechs ist
eben Christus. (V. 189—209.)

Dass Sedulius die Heilung des blinden Sones
des Timäus, welche gelegentlich des letzten Einzuges
in Jericho vollzogen wurde, und welche Lucas 18,
35—43 und Marcus 10, 46—52 gleich ausfürlich erzälen, nur dass Marcus uns noch den Namen Bartimäus
aufbewart hat, von der Heilung zweier Blinder durch Jesum
nach seinem Auszug aus Jericho (Matth. 20, 30 ff.) unterscheiden will, können wir ihm nicht verdenken. Er erzält
jenes erstgenannte Ereignis darum auch noch (V. 210—221).

Damit ist die Nachlese aus Marcus und Lucas beendet.
Was wird das vierte Evangelium noch bieten? Wir sahen
oben, dass der Dichter aus Johannes bereits zwei Wunder
berichtet habe, das auf der Hochzeit zu Cana und die Heilung des Sones des Königischen zu Kapernaum. (Joh. 2
und 4, 47 ff.) Diese beiden Wunder hatte Johannes ausdrücklich als die beiden ersten Wunder Christi nach

seiner Rückkehr aus Judäa nach Galiläa, also seit seinem Amtsantritte, bezeichnet. Die dazwischen liegende Erzälung von der Samariterin am Brunnen war damals übergangen worden; jetzt holt er den Bericht über dieses Vorkommnis nach. (Joh. 4, 1 ff.)

Christus hatte, unter der heissen Sonne wandelnd, menschlichen Durst bekommen, und die ewige Quelle sehnt sich nach einem Trunke Wassers, soweit der Herr einen menschlichen Leib hatte. Das Weib aber, welches seinen irdischen Durst stillen soll, lernt durch das Gespräch mit Christo über ihr ganzes sündiges Vorleben nachdenken und bekommt Verlangen nach dem Wasser, welches den ewigen Durst stillt. (V. 222—232.)

Merkwürdig ist auch der Umstand, dass die Erzälung von der Ehebrecherin (Joh. 8, 3 ff.) von Sedulius erzält wird, und zwar aus einem doppelten Grunde. Es lag ja kein mirabile, keine Wundertat hier vor; sodann wissen wir, dass dieser Abschnitt in der heiligen Geschichte zwar volle historische Glaubwürdigkeit verdient, aber doch schwerlich von dem Evangelisten Johannes geschrieben worden ist.[*]

---

[*] Joh. 7, 53—8, 1—11 fehlt in den ältesten und besten Handschriften des N. T., z. B. A, B, C, L. In den ältesten Kirchenvätern wird dieser Abschnitt nicht erwänt, in der alten syrischen Uebersetzung fehlt derselbe. Aber schon Eusebius berichtet in der hist. eccl. III, 39, dass in dem Werke des Papias (aus dem Anfange des 2. Jarhunderts) diese (oder eine sehr änliche) Erzälung sich gefunden habe: Ἐκτίθεται δὲ καὶ ἄλλην ἱστορίαν περὶ γυναικὸς ἐπὶ πολλαῖς ἁμαρτίαις διαβληθείσης ἐπὶ τοῦ κυρίου. Ἣν τὸ κατ' Ἑβραίους εὐαγγέλιον περιέχει. Hieronymus constatirt, dass diese Erzälung im hebräischen Evangelium, welches die Nazaräer gebrauchten, gelesen worden sei, ja er hält diesen Abschnitt für authentisch nicht blos, sondern dem Matthäusevangelium zugehörig. Doch aber gesteht er in dem Satze: „In Evangelio secundum Joannem in multis et Graecis et Latinis codicibus invenitur de adultera muliere quae accusata est apud Dominum", zu, dass in ebensovielen (wenn nicht in mehr, und zwar in den ältesten, glaubwürdigsten) Handschriften (namentlich griechischer Sprache) der Abschnitt im Johannes fehle. [Cf. Dialog. adv. Pelagian. II, c. 6.] In den Schriften des Basilius des Grossen und des Athanasius habe ich ein Citat dieser Stelle nicht gefunden; ja Chrysostomus hat in

Der Dichter schliesst die Heilung des Blindgeborenen (Joh. 9, 1—41) an. Die Heilungsgeschichte und die sich daran anknüpfenden Unterredungen Jesu mit den Jüngern und dem Geheilten, die Verhandlungen der Feinde Jesu, welche das Wunder als Betrug nachzuweisen sich bemühen, das alles übergeht Sedulius. Nur die Bestreichung mit Kot und die Abwaschung des letzteren an der Quelle Siloah erwänt er, um daran die mystische Bedeutung des Heilverfarens nachzuweisen. Auch wir sind blind von Natur seit Evas Sündenfall, aber, da Gott es seiner nicht unwert hielt, menschliche Gestalt an sich zu nehmen, so ist uns aus einer Jungfrau eine heilbringende Erde erwachsen, welche, mit den heiligen Wassern abgewaschen, die hellen Spalten des wieder erstehenden Lichtes erschliesst. (Eine recht gesuchte und unglückliche Parallele!) (V. 251 — 270.)

seinen Homilieen (Es kommt die 52. hier in Betracht) diese Perikope völlig übergangen, also wol an der Stelle des Johannes nicht gefunden, wärend er in der 60. Homilie den Passus hat: Ut cum rogarent an liceret censum dare Caesari et an lapidanda esset adultera. Und in der Tat, wärend diese Erzälung in den Zusammenhang des 8. Capitels Johannis nicht passt und auch sonst Spuren nichtjohanneischen Ursprungs an sich trägt, passt dieselbe durchaus in den Zusammenhang des 22. Kap. im Matthäusevang. Hilgenfeld (Nov. test. extra canonem receptum IV, p. 24. 1866) möchte die von Papias zuerst, sodann von Eusebius indirect berichtete Erzälung Matth. 19, 3 einschieben. — Noch bemerke ich, dass Theophylakt in seinem Commentar zum Johannes diese Stelle völlig übergeht.

Im Abendlande freilich scheinen die Zweifel an der Echtheit des Abschnittes nicht stark und häufig gewesen zu sein. Wenigstens finde ich bei Ambrosius (also im 4. Jarhundert), de vocatione gentium I, c. 3 diese Stelle angezogen und besprochen, und als directes Beweismaterial in Ambrosius Briefen VI, 51. 52 (an Studius) mehrfach benutzt und zwar unter Erwänung des Johannesevangeliums als des Fundortes. In Augustinus finde ich in den Sermones de verbis Domini (in evang. secund. Joannem) über diese Perikope eine eigene (die XLVII.) Predigt. Dass Gregorius der Grosse (in expos. moralis lib. I. in prim. capitul. Job) die gedachte Stelle als eine johanneische erwänt, hat sonach nichts Auffallendes mehr an sich.

Für Sedulius beweist der Zusammenhang, in welchem wir jenen Abschnitt finden, dass der Dichter das Evangelium Johannis als Quelle jener Erzälung benutzt hat.

Die Auferweckung des Lazarus (Joh. 11) schliesst sich an. Die Anknüpfung dieses Ereignisses an den früheren Aufenthalt Jesu in Bethanien ist allerdings nur sehr lose: Bethaniae solum repetens intrarat. Chronologisch ist diese Reihenfolge der Ereignisse nicht, die Verfluchung des Feigenbaumes (Lib. III, V. 42 ff.) ist mehrere Wochen später geschehen, als die Auferweckung des Lazarus, und zwar am Montage in der Leidenswoche. Auch die Tränen Jesu werden geschildert:

276 „Auch der Allmächtige weinte, dem Leibe nach,*) nicht nach
der Gottheit,
Und ihn schmerzte, soweit er ein Mensch war, der Anblick des
Todten,
Selbst dem Tode geweiht. Mit Tränen erfüllt es den Freund jetzt,
Doch mit Hoheit den Gott."
(V. 271—290.)

Und jetzt erzält im directen Anschluss an dies Ereignis Sedulius den Einzug Jesu in Jerusalem auf dem Eselsfüllen. Auf eine grössere weltliche Ehre verzichtet der Herr. Und doch, so einfach der Einzug war, welchem irdischen Könige ist je eine grössere Ehre widerfaren, wem hat ein Volk durch Anbetung, durch Ausbreiten der Kleider und der Palmzweige, sowie durch Anstimmung himmlischer Lobgesänge eine grössere Ehre erwiesen, als dem Herrn Christus, welcher mit dem Vater das himmlische Reich, ein Fürst im Fürsten, regiert? (V. 291—308.)**)

Im fünften Buche geht der Dichter davon aus, dass die Stunde nahe gewesen sei, in welcher Christus seinen sterblichen Leib ablegen und ihn wiedernehmen sollte und wollte. Eine schwere, aber eine unabweisbare Stunde! Schwer war auch schon jene Stunde der Erkenntnis der Nähe des Todes. (Joh. 12, 27.) Aber in ihr fehlte Christo der Trost nicht, die göttliche Stimme: „Ich habe meinen

---

*) Wir werden hierauf zurückkommen müssen.
**) V. 309 ist als ein Zusatz eines Glossators anzusehen, welcher die Doxologie der beiden letzten Verse zu vervollständigen sich berufen fülte.

Namen verklärt und will ihn abermals verklären". (Joh. 12, 28.) Nicht alle freilich glauben der göttlichen Stimme, die einige für einen Donner, andre für eine Engelsstimme halten.

Christus wäscht allen die Füsse, auch dem Verräter. (Joh. 13, 1—30.) Aber er kennt diesen, und er macht ihn kenntlich, indem er ihm das Brot reicht, er, der selbst als Brot verraten*) werden sollte. Der Dichter setzt voraus, dass Judas am heiligen Abendmale teilgenommen habe. Da er sich im Vorausgehenden eng an Johannes angeschlossen hat, so wird das heil. Abendmal nur im Vorbeigehen, in einem Nebensatze erwänt. Doch ist die Lehre in diesem Punkte mit ziemlicher Deutlichkeit ausgesprochen.**)

Der Satan färt in die Seele des Verräters. Dieser beginnt den Kampf des Sclaven gegen seinen Herrn. Um kleinen Lon verspricht er ein grosses Verbrechen. Er begnügt sich mit 30 Silberlingen, wärend alle Reiche und Schätze dieser Erde, alle Reichtümer des Meeres und der ganze Aether kein genügender Preis gewesen wären für das Blut des grossen Christus, welcher der Vater der Welt ist und auch ihn hat geboren werden lassen. O für Judas wäre es ein viel besseres Los gewesen, nie geboren zu sein, als das, welches nun ihm bevorsteht, wo er sein Leben zu Grunde richtet. Mit einer Unzal von Prädikaten belegt, bedeckt, überschüttet er ihn:

Tune cruente, ferox, audax, insane, rebellis,
60 Perfide, crudelis, fallax, venalis, inique,
Traditor immitis, fere proditor, impie latro,
Praeuius horribiles comitaris signifer enses: etc.

Du presst auf Christi Lippen deinen Kuss, du mengst in den Honig das Gift und verrätst deinen Herrn unter dem Scheine der Freundschaft! Du stellst dich, als ob du sein Jünger wärest, und grüssest ihn mit falscher Freundlichkeit.

---

*) V. 33: panem cui tradidit ipse, Qui panis tradendus erat. Das Wortspiel tradere = übergeben und verraten ist im Deutschen nicht wieder zu geben.

**) Wir werden unten darauf zurückkommen.

Quelle für diese Darstellung sind zum Teil die Synoptiker, namentlich Luc. 22, 47. 48. (V. 1—68.)

Der Bericht über die Heilung des Malchus, welche nun folgt, wird aus Joh. 18, 10. Luc. 22, 51 und Matth. 26, 53, echt harmonistisch, zusammengestellt. Die Verleugnung des Petrus ist nicht ein Zeichen des Abfalls vom Glauben, sondern ein Zeichen der grossen Furcht des Mannes, der mit Christo hatte sterben wollen. Sedulius erwänt nur das Verhör vor dem Hohenpriester Kaiphas und lässt bei dieser Gelegenheit auch Petrum verleugnen. Somit hat er dem summarischeren Berichte des Matthäus sich in seiner Darstellung zugewandt und erzält von den falschen, sich selbst widersprechenden, Christum nicht belastenden Anklagen und der Misshandlung Christi, der die Faustschläge hinnimmt und sich ins Angesicht speien lässt (der Dichter verwertet hier die Jes. 53, 4. 5 ausgesprochenen Gedanken), und dann von der dreifachen Verleugnung Petri, one sich von der Matthäusquelle zu entfernen. (V. 69—112.)

Christus wird mit Tagesanbruch gebunden (Matth. 27, 2) zu Pilatus gefürt. So sieht Judas Jesum wieder! (V. 3.) Er bringt sein Blutgeld zurück (V. 4), kann aber seine Tat nicht ungeschehen machen. Er erhenkt sich selbst, zum Schrecken aller, die solches Ende eines Apostels, der nun ein feiler Apostat geworden ist, erfaren und sehen.*) (V. 113—138.)

Inzwischen steht Christus vor dem Richtstul wie ein Lamm, das zur Schlachtbank gefürt ist, und die Lügner schleppen die Warheit vor Gericht. Das Judenvolk verleugnet, verwirft seinen König, und, wie es ehemals Gott verworfen und Baal erwält hatte, so verwirft es jetzt Christum und erwält sich den Barrabas. Der Urheber des Lebens soll sterben, der Urheber des Todes (Mörder) soll leben. — Wehe der grausigen Sichel der Väter, welche die Sat der Enkel schneiden sollte! Wehe, Pilatus, Deiner Tat! Du hättest Dir nicht nur die Hände waschen, sondern auf das heilige Bad der Sündenvergebung, das den

---

*) V. 138: Tunc vir apostolicus, nunc vilis apostata factus.

ganzen Körper reinigte, hoffen sollen! Statt dessen strafst du den Unschuldigen, setzest Dich zum Richter über Deinen König, ziehst den Menschen (humana*)) Gotte vor. Wie gross wird deine Strafe sein! (V. 139—163.)

In dem purpurroten Kriegsmantel, mit welchem Soldatenroheit den Heiligen bekleidet, sieht der Dichter ein Bild des Todes. Die Dornenkrone schmerzte Jesu Haupt, weil der Gnädige alles Gedörn unserer Sünden auf sich genommen hatte, das Schilfror, welches seine Hand trug, ist das Abbild des zerbrechlichen, schwachen, holen, leichten irdischen Scepters. Bald hat er seine fremden Kleider abgelegt und sein eigenes, ursprüngliches Kleid angezogen, der Hüllen des menschlichen Fleisches sich entkleidet, um in der früheren Majestät wieder aufzustehen. Es folgt der Essigtrank und dessen mystische Bedeutung; alles wird nach Matthäus berichtet. (V. 164—181.)

Das Kreuz, welches Christum trägt, wird durch ihn aus einem Fluchholze zum Ehrenstamme gemacht. Die ganze Welt hat an dem Segen des Kreuzes teil, wie nach vier Himmelsgegenden Christi Leib ausgespannt ist. Das Haupt des Herrn umstralt die Morgenröte, die heiligen Füsse gehören dem Westen an, die rechte Hand hält der Norden, die linke der Süden fest. Die ganze Natur lebt durch die Glieder ihres Schöpfers, und Christus herrscht über die ganze, durchs Kreuz geeinte Welt. (V. 182—195.)

Die Ueberschrift des Kreuzes ist wol nicht aus Matth. 27, 37, sondern aus Luc. 23, 38 oder Joh. 19, 19. 20 entnommen. In der Anwendung der drei Sprachen sieht der Dichter eine göttliche Fügung: unser Glaube lehrt uns ja, den einen König dreimal zu nennen.**)

---

*) **humana** beziehe ich nicht auf Barrabas, sondern auf Pilatus. Denn es zieht sich Gotte vor Pilatus, indem er sich zum Richter über Christum aufwirft.

**) Doch scheint mit diesem Ausdrucke nicht etwa an das dreifache Königreich Christi (Reich der Natur, Gnade und Herrlichkeit) angespielt worden zu sein; vielmehr ist dieser Ausdruck nach der Prosa des Sedulius ein Hinweis auf die dreifache Begründung des Namens: Er stirbt, weil er sich zum König der Juden gemacht haben soll, weil er dieser verheissene König wirklich ist, und weil er der König aller Könige und der König aller wahren Israeliten in Zukunft sein wird.

Die Kriegsknechte verteilen den Nachlass des Herrn und verlosen den ungenähten Rock Christi. Damit ist auch vorbildlich der Kirche Christi die Spaltung, das Schisma, verboten. (Matth. 27, 35. Vgl. Joh. 19, 23. 24.) (V. 196—201.)

Die Schmähung des Herrn durch den einen Schächer und dessen Tadel durch den bussfertigen, seinerseits Christum um Gnade anflehenden Missetäter berichtet nur Luc. 23, 39—43, und dieser Evangelist ist darum die Quelle für Sedulius in den Versen 202—231. Sofort aber kehrt Sedulius zu Matthäus zurück, den er nur verlassen hat, wo dessen Bericht nur Andeutungen gab, welche der Dichter aus den anderen Evangelien zu ergänzen bzw. zu verdeutlichen das Bedürfnis fülte. Er berichtet zunächst die dreistündige Finsternis. Die drei Stunden sollen die drei Tage der Grabesruhe versinnbildlichen.

Freilich das vierte Wort am Kreuze (Eli, Eli, lamah asabthani?) übergeht der Dichter, wie alle anderen Kreuzesworte, aber er setzt es voraus, indem er die durch das Wunderzeichen (Finsternis) noch nicht gebrochene Spottlust berichtet, freilich auch das fünfte Wort (Joh. 19, 28), da er sagt: qunm peteret sitiens (V. 254) und erzält den Essigtrunk (Matth. 27, 48) und dann Christi Verscheiden (ib. v. 50.) Er selbst entliess die heilige Seele aus seinem Körper, um sie wieder an sich zu nehmen; derselbe, der todt war, lebte noch, da die Glieder als solche starben, wärend Gott nicht stirbt, vielmehr durch seine Kraft jetzt die Gräber sich auftun und die Felsen zerspringen und Todte wieder auferstehen und der Tempelvorhang zerreisst. Das letzte Ereignis gibt ihm zur Darlegung einer mystischen Bedeutung desselben Veranlassung. (V. 232—275.) Wo ist nun der traurige Sieg, o Tod, wo ist dein furchtbarer Stachel (Hos. 13, 14. 1. Cor. 15, 55)? Du kommst nicht zu Christo heran, sondern Christus kommt zu dir, der one Tod sterben konnte. Der allmächtige Schöpfer hat dich nicht geschaffen, du bist vom Samen der Schlange erzeugt. Deine Mutter heisst Schuld; — dein Tod tritt ein, wo die Gnade waltet.

Da die blinde Leidenschaft noch den Leichnam durchborte, floss Blut und Wasser heraus. (Der Dichter hat dieses Moment aus Johannes entlehnt, vgl. Joh. 19, 34.) Das sind die drei Geschenke unseres Lebens: Leib, Blut und Wasser. Im Wasser werden wir wiedergeboren, Christi Leib und Blut empfangen wir zur Speise, und deshalb sind wir ein Tempel der Gottheit, wie Gott uns vergönnt, den Unbefleckten in uns aufzunehmen und so die Armen zur Aufnahme eines so hohen Gastes befähigt. (V. 276—294.) Die Grablegung übergeht der Dichter, erzält aber die Bewachung des Grabes und des Ortes, welcher noch grösseren Ruhm durch seine Grablegung erwerben sollte, veranlasst durch nichtswürdige Vorstellungen der Hohenpriester bei Pilatus, und zwar dies alles auf Grund des Matthäus, welcher hier allein Quelle sein kann. (Matth. 27, 62 ff.) (V. 295—314.)

Der Sonntag bricht an, einst der erste Schöpfungs- und jetzt Christi Auferstehungstag. Unter den Weibern, welche frühe zum Grabe gehen, lässt der Dichter auch Maria, die Mutter des Herrn, sein. Die von Matthäus genannte „andere Maria" hält er für die Jungfrau Maria, im Widerspruch mit Luc. 24, 1. Die Schilderung des Matthäus wird treulich zu Grunde gelegt, wie sich aus den Worten: flammeus aspectu, niueo praeclarus amictu (V. 328) deutlich ergibt. Der Engel, welcher die Hüter in Angst und Schrecken versetzt hatte, hat für die Frauen Trost und Freude. Jene verlassen den Posten in blasser Furcht und berichten zunächst die Wahrheit, bis Geld auf sie seine Wirkung ausübt und sie Märchen erzälen lässt, welche sie selbst nicht erfunden haben und welche den Stempel der Lüge an der Stirn tragen. (Vgl. Joh. 20, 7. 8, welche Verse hier benutzt werden.) Aber recht ist doch in gewissem Sinne die Aussage der Hüter: Denn den Juden ist Christus wirklich genommen, den wir Christen in unserm Herzen tragen. (V. 315—350.)

Der Dichter fordert Judäa zur Klage auf: Seine Priester, seine Diener, sein Volk geht um solcher Taten willen zu Grunde. Keine Einheit ist mehr vorhanden, kein Messias, kein Opfer! Welche Kriege bedeutet für dich der Verlust deines Königs, deines Messias, deines einzizigen wahren Messias? — Die (verstossene) Synagoge gehe in Trauerkleidern hinweg, Christus hat sich durch schönes Liebesband mit der Kirche verbunden. Diese stralt in der Ehre der Maria, der allzeit gepriesenen Mutter und der ewigen Jungfrau,*) welcher der Herr auch zuerst am Ostermorgen erschienen sei, damit die gute Mutter, die einst des Kommenden Weg gewesen sei, nunmehr auch des Wiederkommenden Verkündigerin werde. (V. 351—364.)

Die Offenbarung Jesu den Emmausjüngern gegenüber (Luc. 24, 13 ff.), denen er sich beim Brodbrechen zu erkennen gab, wird nur berürt und zu einem Hinweise auf das heil. Abendmal benutzt: „Christus, das wahre Brot, ist immer gegenwärtig (semper adest) für die geöffneten Augen, welche die Gnade hell gemacht hat, so dass sie den Herrn schauen können." Kurz werden die anderen Erscheinungen des Herrn behandelt, besonders die Luc. 24, 36 ff.; Luc. 24, 41—43; Joh. 20, 24—29; Joh. 21, 1—8 erzälten.**) Auch das Mal, welches Johannes c. 21, v. 9. 12 ff. berichtet, beschreibt der Dichter und findet in dem Brot, den Fischen und den Kolen Sinnbilder Christi, der Taufe und des heil. Geistes. Die Taufe wäscht uns ab, Christus speist, der Geist heiligt uns.

Aber auch das Zwiegespräch des Herrn mit Petrus erwänt der Dichter und bringt die dreifache Frage: Hast du mich lieb? richtig in Verbindung mit Petri dreimaliger Verleugnung. (V. 365—415.)

Die Schlussverse des Lucasevangeliums (C. 21, 45—53) schildern die Himmelfart Christi; der Dichter verwebt aber

---

*) Diese Beziehung lag sehr nahe, da der Dichter ja sich Maria am Grabe des Herrn weilend denkt. Die Kirche ist auch eine Jungfrau und zugleich eine (kinderreiche) Mutter, eben wie Maria. Vielleicht schwebten dem Dichter hier auch Stellen wie Jes. 54, 1 und Gal. 4,27 vor.

**) Der zweite Fischzug des Petrus hat dem Dichter typische Bedeutung: Die Netze sind Gottes Worte, in diesen werden alle die gefangen, welche auf der rechten Seite bleiben, um sodann durch die Hände der Apostel zum Herrn Christo gefürt zu werden.

in seinen Schlussbericht auch noch einzelne Momente aus Apg. 1, 1—11. Mit demselben Gedanken, mit welchem Johannes sein viertes Evangelium und zwar den Anhang desselben geschlossen hat (Joh. 21, 25), schliesst der Dichter sein Werk. Die Wundertaten Christi sind nicht zu zälen; nur wenige der vielen sind berichtet worden. — (V. 416—438.)

Ueberblicken wir noch einmal die vier letzten Bücher in Bezug auf ihren Inhalt, so sehen wir leicht, dass Sedulius im ersten (2.) Buche die Jugendgeschichte Jesu bis zum Amtsantritt hat erzälen wollen. Das vierte (5.) Buch hat die Aufgabe, die Leidens- und Herrlichkeitsgeschichte uns vorzufüren. Die eigentliche Wirksamkeit Christi soll im zweiten und dritten Buche (des ganzen Werkes 3. und 4. Buche) zur Darstellung kommen.

Das zweite Buch schliesst mit der Erklärung des Vaterunsers, welches nach Sedulius wesentlich, wie auch die Einleitung zeigt, ein Gebet um das baldige Kommen des Reiches ist; das dritte Buch schliesst mit dem Rangstreite der Jünger, wer in Christi Reiche der grösste sei, bezw. mit der Belehrung des Herrn über die notwendigen Eigenschaften der Reichsuntertanen; das vierte Buch meldet am Ende den Einzug des himmlischen Königs in seine irdische Hauptstadt, das fünfte seinen Einzug in das wahre Jerusalem; die Himmelfart ist Christi Regierungsantritt und des Himmelreiches voller Anfang.

Eigentümlich ist die, übrigens vom Dichter gewollte, freie, leichte Behandlung des Stoffes. Es ist kein gewissenhaftes, peinliches Durcharbeiten der heiligen Geschichte, keine Versification eines Evangeliums oder einer Evangelienharmonie, sondern ein Streifen der Ereignisse, ein, wie es der Dichter mit Bezug auf das alte Testament ausspricht, Berüren einzelner Zweige beim Durchschreiten eines grossen Waldes. (I, 81. 82.) So finden wir denn auch nie ein Erlebnis oder eine Tat Christi genau, der Reihe nach, mit allen Einzelheiten erzält; der Dichter setzt die Bekanntschaft der Leser mit den Evangelien voraus, und seine Darstellung ist wesentlich eine solche, wie sie den Dichter ehrt, eine originelle Reproduction, ein Neues nicht nur in der Form und Sprache, sondern auch in der Verbindung und Anordnung der einzelnen Abschnitte, und weiterhin eine solche, welche den Christen uns offenbart, in dessen Herzen jene Ereignisse leben und Frucht gewirkt haben, und den tüchtigen Lehrer der Gemeinde kennzeichnet, welcher die belehrenden, tröstenden, ermanenden Gedanken, welche die Texte ihm nahe legen und welche er für seinem Leserkreise angemessen, also erbaulich hält, der historischen Darstellung anzuschliessen, ja einzuflechten und einzuweben versteht.

Auffallen kann uns immerhin, dass Sedulius aus der Lehrtätigkeit Jesu eigentlich nur Wunder berichtet. Die Schlussabschnitte in B. 2, 3 und 4 streiten gegen diese Behauptung nicht; sie waren entweder nicht zu übergehen, weil sie vermisst worden wären, wie das Vaterunser und Christi Einzug in Jerusalem, oder sie haben doch irgend etwas Wunderbares an sich, was uns, wenn wir von dem vorhin angefürten Grunde auch absehen wollten, die Aufnahme dieses Abschnittes erklären könnte. Sonst aber fehlen die längeren Reden nicht nur fast gänzlich (so die Bergpredigt, die Aussendung der 12 Apostel, die Strafreden gegen die Pharisäer, die Reden Jesu zur Offenbarung seines Wesens und Werkes bei Johannes, die eschatologischen Reden[*]), sondern auch alle Gegenreden der Jünger, alle Fragen und Anklagen der Pharisäer, alle Unterredungen Jesu über vorausgegangene Wundertaten; ferner alle Gleichnisse (nur auf das Gleichnis vom guten Hirten Joh. 10 — und das ist noch nicht einmal eine Parabel im eigentlichen Sinne — ist eine Anspielung zu finden,) sowie trotz der starken Benutzung des Matthäus fast jede Beziehung auf alttestamentliche Weissagungen;[**])

---

[*] Die Ausnahme bildet die Ordinationsrede der 70 Jünger, für welche wir eine besondere Begründung gefunden zu haben glauben.
[**] Die wenigen Spuren habe ich gewönlich angemerkt.

endlich fehlt fast jede Spur einer Reibung zwischen Christo und den Feinden des Herrn, so dass der tödtliche Hass der Pharisäer und Sadducäer nicht in seinem Werden uns vorgefürt, sondern in seinem Gewordensein vorausgesetzt wird. Und doch, obgleich der Dichter eigentlich in den beiden mittleren Büchern (3 und 4) fast nur Wunder berichtet hat, scheint er das Gefül gehabt zu haben, dass er dem Lebensbilde Jesu nicht genüge, wenn er Jesum nur als den Wundertäter, als den allmächtigen Gottessohn, den Schöpfer aller Dinge zeige, auch damit noch nicht, dass er die Heilungen als zugleich aus einem gütigen Herzen geflossen nachwiese: es fehlte eigentlich an Beispielen ausserordentlicher Liebe, Milde, Gnade und Barmherzigkeit, und deshalb hat meiner Meinung nach Sedulius die Erzälungen von der grossen Sünderin (Luc. 7.), der Samaritanerin (Joh. 4.) und der Ehebrecherin (Joh. 8.) bei der Nachlese mit aufgenommen, wärend die zweite Erzälung (Joh. 4.) schon einmal gradezu übergangen war.

II.
Die übrigen Schriften des Sedulius.

1. Den Bitten seines älteren, väterlichen Freundes, des Abtes Macedonius, nachgebend hat der Dichter denselben Gegenstand, welchen er im Carmen paschale behandelt hatte, noch einmal in Prosa umgegossen, und dieses neue Werk, welches ebenfalls fünfteilig ist und für welches sich der Name **Opus paschale** ziemlich eingebürgert hat, selbst herausgegeben*).

---

*) Schon das Vorhandensein der Widmungsrede deutet hierauf hin, beweist aber zugleich die totale Unrichtigkeit der Aussage des Sigebertus (de scriptt. eccl. c. 7.): „**Sedulius Episcopus** (!!) **ad Macedonium presbyterum scripsit libros de miraculis ueteris et noui Testamenti, quos postea**(!) **sub metrica lege redactos praetitulauit Paschale carmen. Reparauit etiam dactylico carmine omnia domini opera.**"

Aber so schön die Sprache in der Dichtung im Allgemeinen war, so korrekt der Versbau, so dass man nicht nur die Schule Vergils merkt, sondern auch kaum hie und da eine Spur der Entartung und des Abfalls von den metrischen Gesetzen der klassischen Zeit entdecken kann, so schwülstig, so gespreizt, so unnatürlich ist oft die Sprache in der, übrigens meist viel ausfürlicheren, auch auf die Schriftstellen des A. und N. T. weit grössere Rücksicht nehmenden, Prosa-Bearbeitung. Auch in der Widmungsrede konnten wir schon diesen gewaltigen Unterschied zwischen der Sprache der Poesie und derjenigen der Prosa erkennen. Das einzige, was wir zur Entschuldigung sagen können, ist, dass Sedulius in der Prosa den Stil seiner Zeitgenossen anwandte, die Sprache seiner Zeit redete, welche mit ihrem Charakter der Unnatur vor der Zersetzung stand, in der Poesie aber die Einfachheit und Wahrheit und Sachgemässheit des Ausdrucks beibehielt, worin das goldene Zeitalter sich auszeichnet, also Dank den tüchtigen Vorbildern, deren Fusstapfen er nicht verlassen wollte.

2. Ferner besitzen wir von Sedulius eine Elegie, in Distichen geschrieben: Collatio ueteris et noui testamenti per schema epanalepseos alternis uersibus repetitae.

Unter der Epanalepsis versteht man die Wiederaufnahme desselben Satzes, welcher an der Spitze des Hexameters stand, am Schlusse des Pentameters. Eine solche Epanalepsis finden wir im Carmen paschale II, v. 6. 7. 8, aber noch nicht vollkommen durchgebildet:

    . . . Heu! noxia coniux
  Noxia tu coniux magis, an draco perfidus ille?
  Perfidus ille draco, sed tu quoque noxia coniux.

Diese Künstelei aber hatte Sedulius bei Vergil gelernt (Ecl. VIII, 47—50 de Medea et Amore):

    . . . . Crudelis! tu quoque mater.
  Crudelis mater magis, an puer improbus ille?
  Improbus ille puer; crudelis tu quoque mater.

In der eben angefürten Weise findet sich die Epanalepsis nicht mehr, sondern in der strengeren Form, dass nur die erste Vershälfte des Hexameters als zweite Vershälfte des Pentameters wiederkehrt. Zugleich zeigt der Hexameter das alte Testament, der Pentameter das neue Testament, und der Vergleichungspunkt beider ist eben die beiden gemeinsame Vershälfte. Ein Beispiel wird die Sache verdeutlichen.

<blockquote>
Arca leuatur aquis, homines ne perderet aequor;
Ne pereant homines, arca leuatur aquis.
</blockquote>

Hebt sich auf Wassern das Schiff, dass Flut nicht die Menschheit vernichte,
Dass nicht der Mensch verdirbt, hebt sich auf Wassern das Schiff.

Die erste Zeile redete von den Menschen, welche in der grossen Flut durch die Arche Noäh gerettet wurden, die zweite redet von der Kirche, welche auf den Wassern der Taufe sich hebt und ebenfalls zur Rettung des Menschengeschlechtes gebaut ist.

Solcher Vergleiche hat der Dichter 54 zusammengestellt, und das ganze Gedicht durch ein Distichon, welches die Vorrede vertritt, eingeleitet:

<blockquote>
Cantemus, socii, Domino cantemus honorem,
Dulcis amor Christi personet ore pio.
</blockquote>

Dass gerade dieses Gedicht besonders viel Poesie enthalte, ist nicht zu behaupten; einzelne Distichen haben ja wol eine oder die andere poetische Schönheit. Im Ganzen erschwert die künstliche Form die Klarheit der Gedanken und die Freiheit der Gestaltung sehr.

Dass aber die Collatio ein Span, ein Abfall von dem grossen Carmen paschale und darum auch eine gelegentliche Spielerei nach Abfassung jenes Werkes gewesen sei, bedarf keines Nachweises.

3. Endlich besitzen wir noch einen „Hymnus vitam Christi continens." Derselbe ist ein sog. alphabetischer; d. h. jede der 23 vierzeiligen Strophen beginnt mit einem Buchstaben des Alphabets (A, B, C, ... X, Y, Z). Ueber dies Gedicht, dessen Form Ebert (a. a. O.) sehr genau gewürdigt hat, und in welchem sich schon starke Spuren des Reimes nachweisen lassen, will ich nur die eine Bemerkung nicht unterdrücken, dass zwei Teile desselben in die Breviere der katholischen Kirche und später in die lutherischen Gesangbücher übergegangen sind. Der erste umfasst Str. 1—7 A solis ortus cardine und ist als Weihnachtslied von Dr. M. Luther verdeutscht:

Christum wir sollen loben schon, Der reinen Magd, Marien Son, So weit die liebe Sone leucht' Und an aller Welt Ende reicht etc.	[A solis ortus cardino Ad usque terrae limitem Christum canamus principem Natum Maria uirgine.]

Das zweite umfasst Str. 8, 9, 11, 13, beginnt mit den Worten: Herodes hostis impie und hat ebenfalls eine Verdeutschung durch Luther erfaren: „Was fürchtst du Feind Herodes sehr?" Es ist ein auf Epiphanias gesungenes Lied. Doch es reichen diese möglichst wörtlichen Uebersetzungen nicht entfernt an die wirklich schöne Dichtung des Sedulius heran.

III.
Die Quellen des Carmen paschale.

Dass die Form des Carmen paschale von der Lectüre des Vergilius so stark beeinflusst worden ist, dass man bisweilen Centones des Vergil änlich denen der Proba Faltonia vor sich zu haben glaubt, davon kann uns die Untersuchung Huemers: Sedulii imitatio Vergiliana hinreichend überzeugen. Auch lässt sich eine gewisse Abhängigkeit des Sedulius von Juvencus nicht wol ableugnen; obgleich von den zehn Stellen, in welchen Huemer eine solche Nachamung gefunden zu haben glaubt, einige ganz gewiss gestrichen werden müssen, weil bei der Schilderung derselben Stoffe einzelne Ausdrücke gar nicht zu umgehen waren, welche beide Dichter in ihrer lateinischen Bibel lasen; bei anderen aber es sich wol weniger um eine absichtliche Nachamung als um eine unwillkürliche Reminiscenz handelt.*) Dahin rechne ich die beiden Versschlüsse spiritus aler an ganz verschiedenen Stellen des

---

*) Cf. Huemer, l. c., p. 48. 49.

Juvencus (II, 45) und Sedulius (IV, 160), dahin auch das Versende se judice praestat (Juv. II, 645. Sed. IV, 8.). In stofflicher Hinsicht hat Sedulius dagegen, wie es scheint, einen dem des Juvencus ganz änlichen Weg eingeschlagen. Wie sich einzelne Gedanken in der Einleitung berüren, so hat er auch in der Auswal des Stoffes das mit Juvencus gemein, dass er hauptsächlich aus Matthäus schöpft und nur zu Ergänzungen die anderen Evangelien heranzieht.*)

Andererseits ist freilich die Aufgabe der beiden Dichter eine durchaus andere. Zwar ist der von beiden zunächst erstrebte Ruhm der der Wahrheit, und das Lob treuer Ueberlieferung verdienen auch beide im Allgemeinen. Die kleinen Uebertreibungen des Sedulius, in majorem Christi gloriam gemacht, auf welche wir im ersten Abschnitt unserer Darstellung aufmerksam machen konnten, sind rhetorisch-poetischer Art und nicht geeignet, den Vorwurf der Unzuverlässigkeit in der Darstellung zu begründen; sie sind verzeihlich, wie einzelne Irrtümer (z. B. die Verwechselung von Kapernaum und Nazareth, die Tempelsteuer, die Teilnahme der Maria, der Mutter Jesu, an dem Gange zum Grabe am Ostermorgen**)). Wärend

---

*) Nur ist der Unterschied beachtenswert, dass Sedulius eigentlich nur am Schlusse seiner Benutzung des Matthäus im 4. Buche die Nachträge aus anderen Büchern anschliesst, wärend Juvencus keine Nachträge, sondern nur solche Ergänzungen darbietet, zu welchen der Text des Matthäus die directe Veranlassung gab.

) Letzteren Irrtum teilte der Dichter zum Teil mit anderen Schriftstellern, so dass er in einer Beziehung die mündliche Ueberlieferung für eine durchaus glaubwürdige Ergänzung der schriftlichen hielt. Dass die von Arevalo citirte Schrift: **De tribus apparitionibus D. N. Jesu Christi, quae in Euangelio non habentur und unter welchen als die erste die Erscheinung der Mutter Jesu, die 2. die des Jacobus, Alphäi Son, die dritte die des Josef, welcher den Herrn begraben hatte, verstanden sein soll, auf Glaubwürdigkeit keinen Anspruch machen kann, bedarf für uns keines Nachweises. Die Offenbarung Christi der Mutter gegenüber nahmen schon Ambrosius, De virg. 1. 3., Augustin. serm. in Sabbato p. Pascha an; aber keiner der früheren Kirchenväter berichtet etwas von dem Gange der Maria zum Grabe des Herrn. Vielleicht hat Sedulius selbst diesen letzteren Zug auf Grund von

aber Juvencus möglichste Vollständigkeit in der Erzälung der Ereignisse und Reden, also das Lob der Genauigkeit in den Details erstrebt und darum ein doppelt so starkes Werk geliefert hat, als Sedulius, setzt dieser die Kenntnis der heiligen Geschichte voraus, und sein Werk trägt weniger einen epischen, als einen erbaulichen Charakter, indem die für den Leser wichtigen, seine Erkenntnis fördernden, seinen Glauben stärkenden Momente herausgegriffen und ausfürlicher behandelt werden. Juvencus erzält, Sedulius legt aus.

Ausserdem strebte Juvencus darnach, möglichst alles zu berichten, was die Evangelisten, und namentlich Matthäus ihm darboten, wärend unser Dichter von dem Gedanken sich leiten liess, nur die mirabilia, die wunderbaren Ereignisse darzustellen, welche in dem Ramen der Lebensgeschichte Jesu berichtet werden.

Als hauptsächlichste Quelle hat Sedulius für sein Werk den Matthäus benutzt, wie wir bereits oben nachgewiesen haben. Erst spät schliesst er und nicht allzu geschickt seine Nachlese aus Marcus, Lucas und Johannes an, folgt dann eine Zeitlang dem Johannes und benutzt schliesslich vorwiegend Matthäus in der Leidensgeschichte. Erst in der Erzälung der Auferstehung Jesu und der Offenbarung des Auferstandenen schöpft er aus allen Evangelisten und nicht am wenigsten aus dem Johannes, dessen letztes Kapitel er auch zum grösseren Teile benutzt hat.

Die Reihenfolge der Ereignisse wird zugleich die Benutzung der einzelnen Evangelisten zeigen:
1. Die Verkündigung Mariä. Luc. 1, 26 ff. Sed. II, 35 ff.
2. Die Geburt Christi. Luc. 2, 1—20. II, 41—72.
3. Die Magier. Matth. 2, 1—12. II, 73—106.
4. Der bethlehemitische Kindermord. Matth. 2, 13 ff. II, 107 ff.
5. Der zwölfjärige Jesus. Luc. 2, 41 ff. II, 134—140.
6. Die Taufe Jesu. Matth. 3, 13—17. II, 141—174.
7. Christi Versuchung. Luc. 4, 1—13. II, 175—219.
(Der Engeldienst. Matth. 4, 11.)

Matth. 28, 1, welche Stelle er falsch interpretirte, hinzugefügt, obwol es nur das Resultat seiner Exegese war.

8. Die Berufung der ersten Jünger. Matth. 4, 18 ff. II, 220—230.
9. Das Gebot des Herrn. Matth. 6, 9—13. II, 231—300.
10. Die Hochzeit zu Cana. Joh. 2, 1 ff. III, 1—11.
11. Der Königische. Joh. 4, 43—54. III, 12—22.
(Krankenheilungen: Matth. 4, 23—24. III, 23—25.)
12. Ein Aussätziger. Matth. 8, 2—4. III, 26—32.
13. Petri Schwiegermutter. Matth. 8, 14 ff. III, 33—39.
14. Heilung vieler Besessener. Matth. 8, 16. III, 40—45.
15. Jesus im Schiff. Matth. 8, 23 ff. III, 46—69.
16. Die Gergesenischen Besessenen. Matth. 8, 28—34. III, 70—85.
17. Der Gichtbrüchige. Matth. 9, 1—7. III, 86—102.
18. Jairi Töchterchen und das blutflüssige Weib. Matth. 9, 18—26. III, 103—142.
19. Zwei Blinde. Matth. 9, 27—31. III, 143—151.
20. Der stumme Besessene. Matth. 9, 32 ff. III, 152—157.
21. Aussendung der 12 Jünger. Matth. 10, 6—8. III, 158—180.
22. Der Mensch mit der verdorreten Hand. Matth. 12, 10—13. III, 181—187.
23. Der blinde und stumme Besessene. Matth. 12, 22. III, 188—197.
24. Die achtzehnjärige Kranke. Luc. 13, 10—17. III, 198—205.
25. Speisung der Fünftausend. Matth. 14, 13—21. III, 206—217.
26. Jesu Wandeln auf dem Meere. Matth. 14, 22—33. III, 218—234.
27. Heilung durch Christi Kleidersaum. Matth. 14, 34—36. III, 235—240.
28. Das cananäische Weib. Matth. 15, 21—28. III, 241—249.
29. Mannichfache Heilungen. Matth. 15, 29—31. III, 250—255.
30. Speisung der Viertausend. Matth. 15, 32—38. III, 256—271.
31. Die Verklärung Christi. Matth. 17, 1—8. III, 272—291.
32. Der Mondsüchtige. Matth. 17, 14—21. III, 292—311.

33. Der Tempelzins. Matth. 17, 24—27. III, 312—318.
34. Wer ist der Grösste im Himmelreich? Matth. 18, 1—10. III, 319—338.
35. Kann ein Reicher selig werden? Matth. 19, 23—26. IV, 1—30.
36. Zwei Blinde bei Jericho. Heilungen im Tempel. Matth. 20, 30—34. Matth. 21, 14. IV, 31—41.
37. Der verfluchte Feigenbaum. Matth. 21, 18—21. IV, 40—56.
38. Ein stummer Besessener. Luc. 11, 14. IV, 57—63.
39. Die grosse Sünderin. Luc. 7, 36—48. IV, 64—81.
40. Der Besessene in der Schule zu Kapernaum. Luc. 4, 31—37. IV, 82—89.
41. Viele Dämonische. Marc. 1, 23—28. 34. IV, 90—98.
42. Der Taubstumme. Marc. 7, 32—37. IV, 99—105.
43. Der Blinde zu Bethsaida. Marc. 8, 22—26. IV, 106—108.
44. Petri Fischzug. Luc. 5, 1—11. IV, 109—124.
45. Der Jüngling zu Nain. Luc. 7, 11—17. IV, 125—141.
46. Maria Magdalena. Luc. 8, 2. IV, 142—149.
47. Aussendung der 70 Jünger. Luc. 10, 1—24. IV, 150—171.
48. Der Wassersüchtige. Luc. 14, 1—6. IV, 172—188.
49. Die zehn Aussätzigen. Luc. 17, 11—19. IV, 189—209.
50. Der blinde Bartimäus. Marc. 10, 46—52. Luc. 18, 35—43. IV, 210—221.
51. Die Samariterin am Brunnen. Joh. 4, 1 ff. IV, 222—232.
52. Die Ehebrecherin. Joh. 8, 3 ff. IV, 233—250.
53. Der Blindgeborene. Joh. 9, 1—41. IV, 251—270.
54. Die Auferweckung des Lazarus. Joh. 11, 1—46. IV, 271—290.
55. Christi Einzug in Jerusalem. Joh. 12, 12 ff. IV, 291—308.
56. Die Stimme vom Himmel. Joh. 12, 28. V, 1—19.
57. Die Fusswaschung. Joh. 13, 1—30. V, 20—31.
58. Einsetzung des heil. Abendmales. V, 31—37.
59. Juda Verrat. Luc. 22, 47. 48. V, 38—68.
60. Petrus und Malchus. Joh. 18, 10. Luc. 22, 51. Matth. 26, 53. V, 69—78.

61. Petri Verleugnung und Christi Verhör. Matth. 26, 33 ff. 58 ff. V, 79—112.
62. Christus vor Pilatus. Judas Ende. Matth. 27, 2 ff. V, 113—163.
63. Ecce homo. Matth. 27, 27—31. V. 164—176.
64. Christi Kreuzigung. Essigtrunk. Matth. 27, 33. 34. V, 177—195.
65. Die Kreuzesüberschrift. ? V, 196—199.
66. Die Kriegsknechte losen um Christi Rock. Matth. 27, 35. V, 200—201.
67. Begnadigung des Schächers. Luc. 23, 39—43. V, 202—231.
68. Finsternis und Tod Christi. Matth. 27, 45—50. V, 232—260.
69. Die Wunder nach Christi Tod. Matth. 27, 51 ff. Joh. 19, 34. V, 261—294.
70. Christi Grablegung, die Wächter. Matth. 27, 62 ff. V, 295—314.
71. Maria und die Frauen am Ostermorgen. Matth. 28, 1 ff. V, 315—333.
72. Die Hüter lassen sich zur Lüge bestechen. Matth. 28, 4. 11 ff. V, 334—364.
73. Die emmauntischen Jünger. Luc. 24, 13—35. V, 365—368.
74. Die folgende Erscheinung des Auferstandenen. Luc. 24, 36 ff. 41—43. V, 369—378.
75. Thomas. Joh. 20, 24—29. V, 378—391.
76. Petri letzter Fischzug. Joh. 21, 1—8. 9. 12 ff. V, 392—407.
77. Jesu drei Fragen an Petrus. Joh. 21, 15 ff. V, 408—415.
78. Christi Abschied und Himmelfart. Luc. 24, 45—53. Apg. 1, 1—11. V, 416—432.
79. Schluss. Joh. 21, 24. 25. V, 433—438.

Nur zwei Punkte sind es, in welchen der Dichter andere Quellen als unsere Evangelien benutzt haben muss, und von diesen ist die erste die Legende, dass der Esel, welcher im Stalle war, als Christus geboren wurde, sofort diesen als Gott anerkannt habe. (IV. 300 ff.),*) und die andere die ebenfalls nicht beglaubigte Sage, dass unter den Frauen, welche am Ostermorgen zum Grabe eilten, Maria, Jesu Mutter, gewesen sei, welche vor Kummer gar nicht den Ostermorgen habe erwarten können. Mit dieser letzteren Nachricht verbinden übrigens andere Schriftsteller desselben oder des 4. Jarhunderts, wenn auch nicht der frühesten Jarhunderte, häufig die Ueberlieferung, dass der auferstandene Christus unter allen Menschen zuerst seine Mutter (nicht Maria Magdalena) seiner Erscheinung gewürdigt habe (cf. V. 321 ff.).

IV.
Der dogmatische Standpunkt des Sedulius.

Obgleich — wenigstens in dem Carmen paschale — fast nie auf Christi Aussprüche über Gottes Wesen und Willen zurückgegriffen wird, so erfaren wir doch über den Standpunkt des Dichters zu den christlichen Dogmen ziemlich vieles, weil derselbe die Ereignisse des alten Testaments vielfach als Vorbilder auf die im neuen uns offenbarten göttlichen Personen, Sacramente und Taten nachweist und überhaupt mit Vorliebe die dogmatische Bedeutung neutestamentlicher Facta aufzudecken bestrebt ist. Das Hervorsuchen des mystischen Schriftsinnes war zu seiner Zeit schon sehr in Aufnahme gekommen, aber sein Urteil ist im allgemeinen ein viel zu klares, als dass er

---
*) Sed lento potius gestamine uilis aselli
  Rectori suffecit honos, louis ungula cuius,
   Ut tanto sessore docus mirabile portans
 300 Nobilior sub fasce foret: non illius impar,
   Qui patulo Christum licet in praesepe jacentem,
   Agnouit tamen esse Doum.

zu allegorischen Sonderbarkeiten und Schrullen, von denen z. B. Arators Buch über die Apostel-Geschichte voll ist, hinneigte. *)

In der Theologie hat der Dichter nur die Abschnitte von der Dreieinigkeit und der Person Christi ausfürlicher entwickelt. Er steht durchaus auf dem Standpunkte des Nicenums: Die Einheit ist dreifaltig, die Dreifaltigkeit eine Einheit. (I, 280 ff.) Das Ende des Arius wird als ein Strafgericht Gottes angesehen, und sein Tod, eine plötzliche, der Cholera oder Ruhr änliche Krankheit, richtig erzält. Bei den Menschen ist der Son geringer als der Vater; dem Sone Gottes eignen die Namen: Das Wort, der λόγος (virtus), die Weisheit; ja es werden zu näherer Charakteristik des Wesens des Sones die Ausdrücke des Nicenums teilweise wörtlich herübergenommen: **Licht vom Licht, der Eine aus dem Einen geboren**, welcher weder in etwas geringer ist als der Vater, noch in irgend etwas wächst, **geboren nicht geschaffen**; Christus hat den Namen Anfang (Principium), bleibt immer im Vater und der Vater in ihm, und er ist das Haupt aller Dinge. Er ist mit dem Vater nicht **einerlei**, aber **eines Wesens**. (Non hic, qui, sed hoc est Filius, quod Pater I, 304.) Arius erkennt die Wesenseinheit nicht an (das unum), Sabellius nicht die **Mehrheit** im göttlichen Wesen (das summus). I, 306. 307. Obgleich die dreierlei Gaben der Weisen des Morgenlandes zunächst eine andere Bedeutung haben, so weist doch die **Dreiheit** der Gaben auf die ewige Dreifaltigkeit des göttlichen Wesens hin (semper manebit in triplici virtute sui II, 101.). Als neuen Beweis für die heil. Dreieinigkeit bietet sich ihm die Taufe Jesu dar (II, 173.). Auch Leib, Blut und Wasser sind in der **Dreiheit** ein solcher Hinweis auf die Trinität, wie aus den Ausdrücken pro religionis honore (Carmen) und der Prosa (Opus paschale) noch deutlicher hervorgeht. (V, 289.)

Die Christologie im engeren Sinne ist noch nicht genau durchgebildet. Zwar wird Christus auch sonst dem

---

*) Cf. meine Abhandlung: Ueber den christl. Dichter Arator in Theol. Stud. und Krit. 1873.

Vater gleichgestellt, z. B. I, 13 ff. Er empfängt die Namen auctor lucis III, 112. V. 151, conditor IV, 61. 254, Dominus virtutis IV, 98. 204, mundi Pater IV, 181, pontificum princeps, summus sacerdos IV, 206, omnipotens IV, 276. Maria erkennt im Sone ihren Vater (gaudet suum paritura parentem II, 40). Er heisst König der Könige, Herr der Herren III, 313 ff. Christi Taten heissen kurzweg Gottes Taten III, 338. Er regiert das himmlische Reich mit dem Vater, der Erste im ewigen Ersten. IV, 307 ff. Im alten Bunde ist Christus vorgebildet, z. B. in dem Widder, welcher sich für Isaak dem Abraham zum Opfer darbietet (I, 101 ff.). Er ist in wahrer Weise Brot, Fels und Wasser für die durch die Wüste dieses Lebens wandelnde Menschheit. I, 143. Er ist der Quell des ewigen Wassers. IV, 224. Die Gabe des Weihrauchs Seitens der Weisen gilt dem Gotte, das Gold dem Könige. II, 95. 96. Aber das Verhältnis der beiden Naturen in Christo zu einander, wie solches in Folge des macedonianischen und eutychianischen Streites in den Jaren 431 und 451 zu Ephesus und Chalcedon zwar nicht positiv definirt, wol aber negativ begränzt wurde, wird hier noch nicht genauer dargelegt. Weder der Ausdruck persona noch natura wird von Sedulius gebraucht. Und doch waren diese Wörter die Streit- und Schlagwörter im dritten Dezennium des fünften Säculums und in der Folgezeit. Sedulius steht noch vor jener Bewegung, welche nachmals Morgen- und Abendland so heftig erschüttern sollte. Wol unterscheidet der Dichter in Christo den Gott und den Menschen. Als Jesus im Schiffe war, schlief seinem Leibe nach (pectore somnum capebat) der Herr, seiner Gottheit nach wachte er (majestate vigil, quia non dormitat in aevum, qui regit Israel etc.) III, 56 ff. Der Allmächtige weint am Grabe des Lazarus seinem Leibe nach, nicht nach der Gottheit. (Soweit er sterblich war und sterben wollte moriturus erat) IV, 276 ff. Gott hat sich herabgelassen, die Gestalt des menschlichen Fleisches an sich zu nehmen IV, 267. Er trägt menschliche Glieder an sich und ist doch Gott III, 273 ff. Nach der Verklärung nimmt der Herr seine körperlichen Glieder wieder an sich und umhüllt (κρύψις, nicht κένωσις) seine angebetete Herrlichkeit wieder mit der Decke des Fleisches. III, 293 ff. Er legt das sterbliche Fleisch (mortalem carnem) ab und nimmt das lebendige wieder an sich. V, 3. 173. Er entlässt (sterbend) die Seele aus dem Leibe V, 262. Die Glieder sterben, Gott stirbt nicht (V, 265.).

Bekanntlich lehrte Apollinaris der Jüngere in der 2. Hälfte des vierten Jarhunderts, dass die göttliche Natur und die menschliche in Christo so geeinigt seien, dass an die Stelle des menschlichen Geistes der göttliche Logos getreten sei. So ungefär scheint sich auch Sedulius die Sache zu denken, indem er Gottheit und Körper (corpus, pectus, membra, caro mortalis) in Gegensatz bringt. Auf alle Fälle war der Streit um die Person Christi, welcher vom Ende des dritten Decenniums des fünften Jarhunderts an Constantinopel, Alexandrien und das ganze Morgen- und bald auch das Abendland in Aufregung brachte und lange Zeit erhielt, noch nicht entbrannt, weil sonst Sedulius, mochte er nun in Achaja oder Rom seine Schrift verfasst haben, Spuren des Streites in seinen Schriften verraten, für Kyrill oder Macedonius, für Dioskur und Eutyches oder Leo und Flavian, Partei ergriffen und die Concilsbeschlüsse ebenso verwertet haben würde, als er das bezüglich des Nicenums getan hat.

Aber fern ist er jener Zeit der Kämpfe auch nicht mehr. Das zeigt die Art und Weise, wie er von Maria spricht. Zwar das Bild der Rose, welche aus Dornen erwächst, darf uns nicht auffallen (II, 45); dass Maria eine reine Jungfrau trotz der Geburt geblieben ist, auch nicht; auch die Wendung: gaudet suum paritura parentem kann ja, richtig verstanden, acceptirt und darf onehin um des Wortspieles, Contrastes willen nicht zu scharf beurteilt werden; aber die Apostrophe an Maria II, 63 als solche ist doch schon als ein Uebergang zur Anrufung der Maria anzusehen, und die Annahme, dass Maria zum Grabe des Auferstandenen mitgegangen sei, sowie so mancher, an sich nicht notwendige Excurs zu Ehren der Maria [z. B. die lange Einleitung zum 2. Buch (II, 19 ff.), in welchem Maria in Parallele zur Eva gebracht wird, ferner die IV, 267 ff. etwas gesuchte Beziehung Marias und ihres Sones, der „heilbringenden Erde." zu der Heilung des Blindgeborenen, welche mit Anwendung des Kotes geschieht, den der Herr aus Erde und seinem Speichel machte, endlich der Vergleich der Kirche mit Maria V, 360 ff.]: das alles zeigt uns, dass wir auch Sedulius auf dem besten Wege finden, ϑεοτόκος dem Ausdrucke χριστοτόκος vorzuziehen. Aber eine klare Lehre, welche die späteren Distinktionen kennt und verwertet, finden wir nicht; vielmehr eine grosse Unbefangenheit der Darstellung, und wir müssen auf diese Erscheinung um so mehr Gewicht legen, weil dieselbe uns einen Anhalt darbietet zur Bestimmung der Abfassungszeit des Carmen paschale.

Der Heilige Geist, mit dem Vater und Sone gleichen Wesens, wird in dem Kolenfeuer (Joh. 21.) vorgebildet. Er heiligt uns (= igne, quo sacramur V, 403 ff.) In den Sacramenten wird er unser Gast (mansor. V, 294.).

Sehr kurz ist die Anthropologie behandelt. Gott heisst caeli fabricator et conditor orbis I, 45. Der Teilnahme des Sones Gottes am Schöpfungswerke wurde oben vielfach gedacht. Durch die Schlange, den Drachen verfürt zum Genusse der Süsse des verbotenen Apfels geht der Mensch zu Grunde I, 54. Der Tod ist die Folge des Sündenfalles II, 1 ff. Aber der, welcher alles erschaffen hatte, hat den Tod nicht erschaffen (cf. Sap. 1,13.). Die ewig (aeternus im Sinne von immortalis) geschaffenen Menschen werden sterblich, und das sündige Verderben vererbt sich von Geschlecht zu Geschlecht. (Cladem a semine sumsit II, 0.) Die sonst verlorenen Geschöpfe (facturae) werden durch Vermittlung eines Weibes erlöst, wie einst durch ein Weib das Verderben kam (II, 19 ff.). Christus, der Weibessame, ist das Lamm, welches die Sünden der Welt wegnehmen will (tollere veniens) II, 149. Er ist gekommen, sein Leben zum Heile aller hinzugeben (ponere pro cunctis animam ipse veneral (V, 77). Er hat die Dornen aller unsrer Sünden selbst in frommer Erniedrigung getragen (V, 169.). Sein Leiden ist zum Heile aller geschehen. (Credite pro cunctis passum V, 152.) Die Welt ist schuld an Christi Tode, aber sie wird eben durch das gerechte Blut gerettet. V, 208.

Ueber die Kirche spricht sich der Dichter nicht

genau aus. Ausser dem Gegensatz zwischen Synagoge und Kirche, der Vergleichung der Kirche mit Maria in der Jungfräulichkeit und dem Mutterberufe zugleich (V, 356 ff.) und der Erwänung der Liebe Christi zu seiner Braut, der Kirche (V, 357.), finden wir nur noch den Auftrag an die Jünger, den Frieden des Herrn, die Erlösung der Welt allen Völkern und Ländern durch Wort und Taufe zugänglich zu machen. (V, 416 ff.)

Die **Heilsaneignung** ist überhaupt noch fast gar nicht ausgebildet. Das Wort **gratia** kommt nur einmal in dem ganzen Carmen paschale vor (V. 366). Somit fehlt auch der Einfluss Augustins, welcher gerade die Lehre von der Sünde und Gnade so eingehend entwickelt und den Pelagianern gegenüber so siegreich verteidigt hat, gänzlich: ein neues Moment zur Bestätigung unserer Zeitbestimmung der Abfassung dieses Werkes.

In der Lehre von den **Sacramenten** aber ist Sedulius correct. Von der heil. Taufe sagt er, dass sie schon in der Arche Noäh vorgebildet und in den Fischen (Joh. 21), wie auch im Wasser, das aus Jesu Herzen floss, abgebildet worden sei (I, 57 ff. V, 290. 402.). Sie ist unsere Reinigung (I, 62) und hätte auch dem Pilatus Vergebung der Sünden bringen können, welche ihm sein Händewaschen nicht brachte (Corpore toto debueras sacrum ueniae sperare lauacrum V, 160.). — Die Taufe wäscht uns von Sünden ab V, 404, sie ist der Quell unserer Wiedergeburt V, 291, das eine der drei Geschenke unsers Lebens V, 290. Dieser Lebensquell aber ist allen zugänglich und bestimmt (V, 421.).

Das **heilige Abendmal**, dessen Einsetzung der Dichter nur andeutet, nicht ausfürlich berichtet V, 34, wird nicht so häufig erwänt, als die Taufe. Es hebt die Folgen der Erbsünde*) auf I, 54 ff. Es stillt den Hunger und Durst der Seele (corporis atque sanguinis ille sui postquam duo munera sanxit atque cibum potumque dedit, quo perpete nunquam esurient sitientque animae sine labe fideles (V, 34—37.). Die Prosa nennt Leib und Blut Christi an

---

*) Qui pereuntem hominem uetiti dulcedine pomi
55 Instauras meliore cibo, potuque sacrati.
 Sanguinis infusum depellis ab angue uenenum.

dieser Stelle eine geistliche Speise und Trank, von der Wirkung, dass die gläubigen Seelen, wenn sie mit diesem himmlischen Male **gesättigt** sind (saginatae), Hunger und Durst nicht mehr fülen können. Durch den Genuss des Leibes und Blutes werden wir Tempel der Gottheit, d. h. des heil. Geistes. V, 291 ff. (cf. bes. die Prosa.). — Auch die Offenbarung Christi zu Emmaus geschah beim Brotbrechen, denn Christus, das wahre Brot, ist immer für die offenen Augen des Glaubens gegenwärtig, welche die Gnade hell macht, dass sie den lebendigen Herrn sehen können. V, 366 ff. Christus als das Brot, durch welches wir gespeist werden, findet Sedulius auch in dem Brote abgebildet, welches zur Narung der Jünger (Joh. 21) bereit lag. (Christus adest panis, quo pascimur V, 402. 403.)

Spuren anderer Sacramente, oder der Erweiterung der Lehre eines derselben, etwa durch die Lehre vom Opfer, finden wir nicht.*)

Auch die Ansprüche der römischen Bischöfe sind im Carmen paschale mit Nichts angedeutet oder gar zu begründen versucht worden. Denn dass Petrus in dem Augenblicke, wo seine Verleugnung erzält werden soll, durch den richtigen Zusatz senior (= primus inter pares) nicht geehrt, sondern noch mehr belastet wird (V, 104), versteht sich von selbst. Und auch das Lob: operarius in omni parte bonus (V, 412), gelegentlich des Berichts über die Wiederaufnahme des Petrus in Christi Gnade dem Apostel beigelegt, erhebt ihn nicht in besonderer Weise über die Apostel.**)

---

*) Auch um dieses Grundes willen verdient Sedulius das Ehrenprädikat, welches Luther ihm gab, **poeta christianissimus**.

**) Nachträglich nur zwei Bemerkungen: Ueber die Philosophie urteilt der Dichter mit den meisten seiner Zeitgenossen abfällig. Die Weisheit der Welt ist Torheit vor Gott. Es ist auch unter den Philosophen keine Einigkeit. Der eine redet zu viel (Sophisten oder Socrates, Plato?), der andere schweigt (Pythagoras), der lehrt spazieren gehend (Aristoteles), der andre stehend (Plato? Zeno?), der eine weint immer (Heraklit), der andre hört nicht auf zu lachen (Demokrit). So ist die Torheit der Philosophen der Art nach verschieden, dem Wesen nach gleich. (I, 326 ff.)

Den Evangelisten hat er dieselben Prädikate, von den vier

V.
Die Lebenszeit des Sedulius.

Ueber die Lebenszeit dieses Dichters gehen die Ansichten weit auseinander. Teuffel (Gesch. d. röm. Lit.¹ S. 985) hält den Herausgeber des Carmen paschale für einen Freund des Dichters und setzt darum dessen Blütezeit in das Ende des fünften Jarhunderts unserer Zeitrechnung, weil Turcius Rufus Asterius, dieser Herausgeber des Sedulius (und auch des Vergilius) im J. 494*) Consul war

---

Lebewesen der Propheten entlehnt, Mensch (Matthäus), Löwe (Marcus), Stier (Lucas), Adler (Johannes) beigelegt, wie früher schon Irenäus und Ambrosius (prol. ad Lucam), wärend Juvencus sonderbarer Weise den Adler als des Marcus, den Löwen als des Johannes Abbild auffasste (cf. **Juvencus, praefat. I.**), und auch für jeden der Männer eine Deutung seines Symboles darbot, welche von unserer Auslegung und der des Sedulius sehr weit entfernt ist. Er sagt:

    Mattheus instituit uirtutum tramite mores,
    Et bene uiuendi iusto dedit ordine leges.
    Marcus amat terras inter caelumque uolare,
    Et uehemens **aquila** stricto secat omnia lapsu.
5   **Lucas** uberius describit praelia Christi,
    Jure sacer **uitulus**, qui munia fatur Abia.
    Joannes fremit ore **leo**, similis rugienti,
    Intonat aeternae pandens mysteria vitae.

    *) So schreiben jetzt Bähr, Teuffel, Ebert. Die Früheren, z. B. Sirmondus, Miraeus, Fabricius nahmen **449** p. Chr. an; und in beiden Jaren war ein Asterius Consul. Huemer, welcher zur Aufhellung dieser Frage eine eingehende Untersuchung angestellt hat, kommt jedoch zu dem Resultate, dass der Asterius, welcher die Ausgabe des Sedulius (und Vergilius) veranstaltete, der Consul des Jares 494 gewesen und meint schliesslich, dass Pabst Gelasius mit seinem Lobe

und in einer Handschrift als exconsul bezeichnet zu sein scheint. Allein es ist nur eine unbegründete Vermutung, dass Asterius des Dichters Zeitgenosse und Freund gewesen sei, und ein Irrtum die Annahme, dass wir die erste Ausgabe des Sedulius dem Asterius verdanken. Vielmehr ergibt sich aus den Widmungsreden deutlich, dass Sedulius sein Carmen paschale ebenso wie sein Opus paschale selbst in die Oeffentlichkeit gebracht hat. Die Worte: (Subscriptum der Reimser Seduliushandschrift) „Hoc opus Sedulius inter chartulas dispersum reliquit, quod recollectum adornatumque ad omnem elegantiam diuulgatum est a Turcio Rufo Asterio v. c. consule ordinario et patricio" beziehen sich somach auf eine zweite Herausgabe des, wie Ebert annimmt, vielleicht verschollenen, bzw. durch die Prosa-Ausgabe verdrängten poetischen Werkes.*)

Ein zweiter Grund für die späte Lebenszeit soll nach Teuffel (a. a. O.) der Umstand sein, dass Gennadius (von Hieronymus ganz zu schweigen) im catalogus scriptorum ecclesiasticorum den Sedulius nicht angefürt hat. Gennadius lebte freilich um 495, aber sicher sind nicht alle die von ihm ausgelassenen und darum erst von Isidorus Hispalensis besprochenen christlichen Schriftsteller dem Gennadius zeitlich nachzustellen; vielmehr sind one allen Zweifel eine Anzal derjenigen Schriftsteller, welche erst Isidorus bespricht, von Gennadius übersehen worden; es ist also Isidors Werk änlich wie das des Gennadius, in seinem ersten Teile nicht sowol Fortsetzung, als vielmehr eine Nachlese der von dem Vorgänger unabsichtlich übergangenen Namen und Werke. Und zwar ist die Reihenfolge eine möglichst chronologische. Nun steht hier Se-

---

des Sedulius gewissermassen eine empfehlende Rezension der Asteriusschen Seduliusausgabe habe schreiben wollen und sollen. (l. l. p. 36.) Allein gegen diese letztere Ansicht spricht doch die unmittelbar folgende, wenn auch bedingte, Lobpreisung des Juvencus.

*) Gegen die Unbekanntschaft der nächsten Generation mit der Dichtung des Sedulius fürt Bähr das Lob des Pabstes Gelasius an, welcher schon 495 oder 496 p. Chr. sagt: **Uenerabilis uiri Sedulii Paschale opus quod heroicis scripsit uersibus insigne laude praeferimus.** Vgl. oben!

dulius unmittelbar hinter dem im J. 407 verstorbenen
Chrysostomus und vor Possidius, dem Schüler und
Biographen Augustins, welcher kurz nach dessen Tod seinem Lehrer ein Ehrengedächtnis gesetzt haben mag. Also
ist die Zeit, in welche Isidor den Dichter gesetzt hat, ziemlich klar als das Ende des vierten oder der Anfang des
fünften Jarhunderts bezeichnet. Es bedarf also eigentlich
des Versuches Hümers nicht, nachzuweisen, dass des Gennadius Werk verstümmelt auf uns gekommen und somit
möglicherweise eine Notiz über Sedulius bei Gennadius
vorhanden gewesen sei. Vielmehr müssen wir als wahrscheinlicher annehmen, dass Isidorus, falls Gennadius den
Sedulius schon berücksichtigt hätte, schwerlich in dieser
Form des Dichters Hauptwerk nochmals besprochen haben
würde. Dem Isidorus aber lag jedenfalls das Werk des
Gennadius vollständig vor.*)

---

*) Uebrigens haben sich bei Huemer an dieser Stelle manche
Irrtümer eingeschlichen. Das Leben des Sidonius und des Caesarius
(Huemer schreibt irrig vita Caesaris) hat Honorius sicher aus Gennadius (c. 92 und 86) entlehnt. (Vgl. Fabricius, bibl. patrist. 1729.)
Ob Gennadius diese vitae geschrieben hat, kann sehr zweifelhaft sein,
jedenfalls fanden sich diese vitae bereits an dieser Stelle der Handschrift, aus welcher Honorius seine Notizen excerpirte. Andrerseits
fehlt Avitus, welcher bei Gennadius sich findet (c. 46), keineswegs,
wie Huemer meint, bei Honorius. Vielmehr hat Honorius den Avitus mit
Lucianus deshalb in einem Cap. (46) abgetan, weil Avitus nur der
Uebersetzer des Lucianus ist. Somit ist auch der Schluss nicht mehr
begründet, dass wir uns nicht wundern dürften, in Honorius B. II
(aus Gennadius Werk excerpirt) den Sedulius nicht zu finden, trotzdem derselbe in dem „vollständigen Gennadius" erwänt wäre. Wol
finden wir bei Honorius Zusätze, z. B. im 1. Buche Dionysius Areopagita, im 3. Buche Joannes Scotus, Theodulus, Cassiodorus, Boethius,
Benedictus, Gregorius Turonensis, aber wir haben kein Beispiel eines
übergangenen Namens, so dass wir die beiden vitae des Pomerius
und Honoratus am Schlusse des Gennadius schon um deswillen, weil
sie Honorius nicht berücksichtigt hat, für verdächtig halten müssen.
Für eine Erwänung des Sedulius bei Gennadius spricht nichts, als
die Aeusserung Sirmonds, er habe in einem vollständigen Exemplar
des Gennadius einiges gelesen, was sich auf Sedulius beziehe. Dieses quaedam ad Sedulium pertinentia aber ist wahrscheinlich auf die
unechten Schlussworte in der Vita des Claudianus (Genn. c. 83) zu

Somit kann ich es nur für einen Irrtum halten, wenn Huemer in den Unterschriften der Codices wesentlich den verlorenen Passus des Gennadius wiedergefunden zu haben meint. Die Unterschriften sollen darum nicht unglaubwürdig sein, obgleich sich — wie es scheint — alle auf dieselbe Quelle zurückfüren lassen, die one allen Zweifel einen Fehler enthält, nämlich jenen Hinweis auf den Catalog des Hieronymus, welchen Huemer auch nicht durch die Annahme, dass der Name des Fortsetzers (Gennadius) im Namen des Urhebers untergegangen sei, völlig wegschaffen kann.

Dennoch will ich durchaus nicht tiefer hinab in der Datierung der schriftstellerischen Tätigkeit des Sedulius gehen, als Huemer, welcher mit allen Früheren ausser Siegebert um 430 p. Chr. die Entstehung des Carmen paschale ansetzt, wärend Ebert die Mitte des 5. Jarhunderts als diesen Zeitpunkt vorziehen möchte. Uebrigens stütze ich mich weniger auf die Autorität irgend welcher handschriftlichen Notizen, welche von der Zeit des jüngeren Theodosius und des Valentinianus reden, wie dies Huemer mit allzu grosser Zuversicht tut, als vielmehr auf den Inhalt des Carmen paschale.

Sedulius ist one allen Zweifel ein orthodoxer Dichter. Dafür bürgt uns schon das Decret des Gelasius.*) So hütet er sich sehr wol, in den Irrtum des Arius oder des Sabellius zu verfallen und verurteilt beide. Nun aber

---

deuten, sodass Sirmond geglaubt hat, dass der Hymnus de passione Domini: „Pange lingua gloriosi" auch von Sedulius herrüren könne, wärend derselbe jetzt von den Hymnologen (vgl. Moll, Hymnarium, p. 50) dem Fortunatus zugewiesen zu werden pflegt. Denn das ist zu beachten, dass grade bei Claudianus sich Sirmond in dopdelter Beziehung mit Sedulius von Fabricius, bzw. Miraeus genannt findet. Von einer Vita Sedulii im Buche des Gennadius hat eben Sirmond nicht gesprochen, sondern von Quaedam a. S. p., d. h. von einer gelegentlichen Notiz oder von einer Stelle, welche man auch auf Sedulius habe beziehen können.

*) Auch Luther ziert ihn ja mit dem Attribut: poeta christianissimus; vgl. Weitz Heortolog. p. 107. Bähr l. l. p. 111.

ist das fünfte Jarhundert die Zeit, in welcher das Morgenland die Fragen nach der Person Christi zu lösen suchte und den Streit über die eine oder die beiden Naturen in Christo mit grossem Eifer und leidenschaftlicher Aufregung gefürt hat. Da auch das Abendland und namentlich der römische Stul an der richtigen Entscheidung dieser Streitfragen ein lebhaftes Interesse hatte und mit aller Entscheidung eingriff, so lässt sich von Sedulius, falls er nach 431 geschrieben hätte, ein Eingehen auf diese Fragen um so mehr erwarten, da sich sein ganzes Gedicht mit dem Leben und den Taten Christi beschäftigte, also auch ihm Fragen über die Naturen in Christo nahelegte und ihm angesichts der dermaligen brennenden Fragen und hin und her wogenden Lehrkämpfe Vorsicht in den Definitionen empfahl. Allein sein Gedicht macht den Eindruck, dass der Dichter, von derartigen Streitigkeiten noch durchaus unberürt, sich über Maria und Christum völlig unbefangen und harmlos ausgesprochen habe.**) Im Anfang des fünften Jarhunderts beginnt die stärkere Verehrung der Maria, und wir finden dieselbe auch bei Sedulius. Aber Uebertreibungen fehlen, und dogmatisch wichtige Distinktionen in Bezug auf das Verhältnis des Göttlichen zum Menschlichen fehlen auch, wie wir im vorigen Abschnitte gesehen haben. Im Gegenteil, die Ausdrücke sind manchmal so gefasst, dass der Dichter in den Verdacht geraten kann, der Irrlehre sogar des jüngeren Apollinaris, der in dem vorigen Jarhundert bereits (sicher seit 381) überwunden war, zuzuneigen.

Aus diesen Gründen setze ich die Abfassung des Carmen paschale vor das Jar 431 p. Chr., vor das Ephesinum, und um deswillen spreche ich auch den alten Handschriften nicht gänzlich ihren Wert ab, welche durch die Regierungszeit des jüngeren Theodosius und Valentinian die Lebenszeit des Sedulius bestimmt sein lassen, obgleich ich noch nicht habe entdecken können, auf welche Autorität sich die Unterschriften derselben stützen.

---

*) Die Namen des Cyrill oder des Nestorius erwähnt er mit keiner Silbe.

Alle anderen Fragen über Namen, Würde, Vaterland, Ort der Abfassung des Carmen, Todeszeit des Dichters sind von Huemer sehr ausführlich besprochen, aber nicht zur vollen Klarheit gefürt worden. Den Vornamen Caelius gibt Huemer preis, als Stand nimmt er presbyter als weitaus verbürgter an und hält die Amtsbezeichnung antistes der Späteren schon für verdächtig, diejenige der spätesten Quellen aber: episcopus für unrichtig. Das Vaterland ist nicht Schottland, wie Trithemius annimmt, welcher zwei des Namens Sedulius, von denen einer unser Sedulius, der andere ein Schriftsteller des 9. Jarhunderts ist, vereint und dadurch eine, lange Zeit wärende, Verwirrung angerichtet hat, sondern nach Huemer Italien, als Ort der Abfassung des Carmen wird Achaja (beides auf Grund alter handschriftlicher Notizen) angenommen. Ueber die Todeszeit spricht sich Huemer nur negativ aus, er erklärt die Worte Sirmonds für durchaus unglaubwürdig,*) welche er im unversehrten Gennadius gelesen haben wolle, und glaubt auch nicht mit Teuffel an einen frühzeitigen Tod des Dichters, da sich eben die Worte inter chartulas relictas durchaus anders, als von Teuffel geschehen ist, deuten lassen.

---

*) Vgl. Huemer S. 30. 31. Um so auffallender ist freilich, dass er Sirmond oben so viel Glaubwürdigkeit beimass, als er die Existenz einer **vita Sedulii a Gennadio scripta** beweisen wollte!

Berichtigung.

S. 27 Z. 13 v. o., lies Marc. 1, 3-4. statt Marc. 1, 24!